だいわ文庫

リーダー論

覚悟を持って道を示せ

野村克也

大和書房

はじめに——リーダーが組織の浮沈を決める

「情けない……」

記者の質問に答える加藤《かとう》良三《りょうぞう》コミッショナーの姿を見た私は、そうつぶやかざるをえなかった。

二〇一三年六月。日本野球機構（ＮＰＢ）は、二年前に導入した統一球の仕様を「飛びやすくなるよう」変更していたことを認めた。過去二年に較べ、明らかに飛距離が伸びていることから、選手やファンのあいだでは「ボールが変わったのではないか？」という疑惑が開幕直後から広がっていた。検証を求める日本プロ野球選手会に対し、ＮＰＢは当初明確な回答を避けていたが、さらなる追及に観念せざるをえない状況に追い込まれた格好となった。

ボールは野球の〝主役〟と言っていい。その主役が変わったという事実を公表しなかったばかりか、隠蔽し続けた行為は、選手やファンを欺き、愚弄したに等しい。

球団への悪影響も少なからずあった。東北楽天ゴールデンイーグルスは今年、昨年までの「飛ばないボール」対策として、ホームランがよりたくさん出るよう四億円もかけて外野フェンスを前に出し、球場を狭くしてしまった。「飛ぶボール」への変更が公表されていたらそんなお金を使う必要はまったくなく、「補強に回せた」と星野仙一《ほしのせんいち》監督は憤慨したらしい。

これだけの〝事件〟を起こしたのだから、本来ならNPBのトップたるコミッショナーはまずは率直に謝罪し、なぜこのような事態が生じたのかを明らかにするとともに、二度と起きないよう対策を示す責任と義務がある。

個人的には即刻辞任してしかるべきだと思ったが、ところが会見での加藤コミッショナーの発言は、ファンや選手を唖然とさせるものだった。仕様変更の事実を「まったく知らなかった」とみずからの責任を回避するような弁明をしたうえ、「不祥事とは思っていない」とまで言い切ったのだ。

言うまでもなく、コミッショナーは球界の最高責任者、リーダーである。そういう人物が、仕様変更を知っていながら隠していたとすれば責任を免れないのは当然だが、もし本当に自分のサインが入った統一球が変わったことを知らされていなかったのなら、自分の存在がお飾りであることをみずから証明しているようなもの。情けないとしか言いようがないし、リーダー失格と言われてもしかたがない。

これまでも加藤コミッショナーはリーダーとしての資質に疑問符がつく行動をしばしばとってきた。二〇一一年三月に起きた東日本大震災を受けて選手会とパ・リーグが開幕延期を決めたときは、巨人と歩調を合わせ、「セ・リーグは予定通りの開幕」を主張したし、巨人の原辰徳《はらたつのり》監督の女性問題などが顕在化したときには、事実関係を問い質《ただ》すどころか、「野球に集中してがんばってください」と原を激励した。ワールドベースボールクラシック（WBC）の収益配分の不公平さを理由に選手会が不参加を表明したのも、もとをただせば加藤氏がイニシアチブをとってWBCの主催者と交渉しようという姿勢を一向に見せなかったからだろう。

もっとも、リーダーシップを発揮できなかった、あるいは発揮しようとしなかったコミッショナーは加藤氏にかぎらない。歴代のコミッショナーのほとんどがそうだった。なぜなら、いまのコミッショナーは、各球団の代表者によるオーナー会議で選ばれる名誉職であるからだ。はっきり言えば、外交官や法曹関係者の天下り先だからである。その椅子の座り心地があまりにいいので（なにしろ年間二千四百万円もの報酬を得られるらしい）、加藤氏が「各球団の既得権を侵す気はない」といみじくも語ったように、事なかれ主義に堕し、一部有力球団の意向に沿うだけの存在となってしまうのだ。

コミッショナーは本来、「プロ野球をもっとよくしよう」という情熱を誰よりも強く持っていなければならないはずである。しかし、そうした情熱をこれっぽっちでも持っているコミッショナーは、私の知るかぎり、ひとりもいなかった（いや、じつは過去にひとりだけ改革に情熱を燃やしたコミッショナーもいて、私も意見を求められたことがあるのだが、ある有力オーナーと衝突し、実質的に解任されてしまった）。トップでありながらトップの仕事をしようとしないリーダーのもとで、どうしてプロ野球の発展が望めようか。

サッカーがプロ化する際、Jリーグの初代チェアマンを務めた川淵三郎《かわぶちさぶろう》さんと話し込んだことがある。Jリーグを立ち上げるにあたり、川淵さんはプロ野球を百パーセント参考にしたそうだ。つまり、よいところは取り入れ、悪いところは反面教師としたのである。おそらく組織を統《す》べるリーダーとはいかなる存在であるべきかについても検討されたに違いない。

「いずれプロ野球はJリーグに追い越されてしまうのではないですか？」

私が訊《たず》ねると、「いや、歴史が違う。不可能ですよ」と川淵さんは謙遜していたが、プロ野球が大名商売にあぐらをかき、改革に後ろ向きな姿勢を続けてきたあいだに、現実はそうなりつつある。これは、プロ野球とJリーグにおけるリーダーの見識や指導力の差が顕著に表れた結果と言っていいのではないか。

そう、組織を発展させるのも、衰退させるのも、リーダーなのである。じつは、そのことで私にとって忘れられない出来事がある。阪神タイガースの監督を務めていたときのことだ。

「チームが低迷している第一の原因は、オーナー、あなた自身です！」

意を決して私が詰め寄ると、阪神タイガースのオーナー、久万《くま》俊二郎《しゅんじろう》さんの顔は見る見る赤く染まった。当時オーナーは八十歳。「いまにもぶっ倒れるんじゃないか」と思われるほどだった。

一九九〇年から一九九八年までヤクルトスワローズの監督としてチームを四度のリーグ優勝、うち三度の日本一に導いた私は、その実績を買われ、一九九九年から阪神タイガースの縦縞のユニフォームに袖を通すことになった。

当時の阪神は最下位が定位置といっても過言ではないチームだった。しかし、ヤクルト時代の九年間でチーム強化について確固たる方法論とノウハウを確立したという自負が私にはあった。たとえ一九八五年の日本一以降、Aクラスわずか二度、最下位七度という阪神であっても、強豪に変える自信はあった。

ところが、二年やっても思うような成果が出ない。ヤクルト時代はたとえ成績が伴わなくても、着実に強くなっているという実感を得られたのに対し、阪神では私の目指す野球が浸透しつつあるという手応えが、まったくといっていいほど感じられなかった。

むろん、原因としてはいくつもの要素――選手のわがまま、選手を甘やかすタニマチやメディアの存在、やる気のないフロント、そして私自身の慢心などなど

――がからみあっていた。しかし、私にはこう思えてならなかった。

「強化が進まない根本的な原因にして最大の問題は、リーダーにあるのではないか」

組織を変えるためには、まずリーダーが変わらなければならない。では、プロ球団におけるリーダーとは誰か。

選手を直接指導し、試合で采配を振るう監督がその任であるのはもちろんだが、球団という組織をさらに大きな目で見た場合、監督を任命し選手の補強の方針を決めるという点では、オーナー（もしくはオーナーの全面的な委任を受けた球団社長）が組織のトップに立っていると言っていいであろう。ということは、いくらチームの監督が懸命に旗を振ろうと、オーナーが旧態依然の考えでいては、限界がある。

私を阪神に招聘《しょうへい》した際、オーナーは言った。

「いま、タイガースはどん底の状態にある。来年、一からスタートするにあたり、監督にふさわしい人物は野村さんしかいない。全面的なバックアップをしますから」

けれども、本気でチームを強くしようという意志が現場に伝わってきたとは、正直なところ、言い難い。

就任と同時に私は、「FAでエースと四番を獲ってください」と球団に強く訴えた。

「中心なき組織は機能しない」と私はしばしば口にするが、野球にかぎらず、組織には中心的存在が必要不可欠である。**公私において手本を示すことができる中心がいれば、ほかの人間たちも彼を見倣い、おのずと組織は正しい方向に進む**からである。

野球チームの中心とは、「エースと四番」にほかならない。しかし、当時の阪神には、ほかの選手の手本となるようなエースも四番もいなかった。だから「エース」と四番を獲ってください」と要請し、ドラフトにおいても「即戦力として使え、近い将来チームの中心になれるような選手を獲ってください」と最初にお願いしたのである。

しかし、その希望はいっこうにかなえられないでいた。

「こんなことでは阪神は絶対に正しい方向には進まない。誰かがそのことをオーナーに気づかせなければならない……」

そう思った私は、久万オーナーに面会を求め、クビ覚悟で思いのたけをぶつけることにしたのである。就任二年目の二〇〇〇年、オールスター期間中のことだった。

「阪神では、成績が悪いと監督が次々に替えられる。オーナー、あなたは監督を替えればチームは優勝できると思っていませんか？」

開口一番、私は訊ねた。

「絶対ではないが、いちばん大事なのは監督だろう」

やっぱり、と思った私は言った。

「監督を替えれば勝てたのは、五十年前のこと。気力と体力だけに頼った根性野球、精神野球の時代までです。昔は野球の本質を理解することなくプレーしていたから、少し頭脳を加えただけで勝つことができた。けれども、これだけ情報が発達し、技術的にも高度になった現在では、監督を替えるだけではチームは強くなりません。リーダーであるオーナーがそんな古い考えでは、強化は不可能です」

オーナーは黙って聞いていたが、だんだんカッカしはじめているのがわかった。それでもかまわず、私は続けた。

「そんな古い考え方は即座に捨ててください。だいたい阪神は即戦力のいい選手がいても、他球団と競合するとすぐにあきらめてしまう。その選手がほんとうに十年にひとりの選手なら、何億払ったってすぐにもとは取れる。『巨人が十億出すと言うなら、うちはその倍出しましょう』と、なぜ言えないのですか？」

「じゃあ、きみは巨人のやっていることが正しいと言うのかね？」

「正しいと思いますよ。少なくとも、チームを強くしたいという意志は感じられる」

私が言うと、怒り心頭に発したオーナーの顔は真っ赤になった。

もとより私にオーナーを怒らせるつもりなどなかった。しかし、言うべきことは言わないと何も変わらない。

「私は経営のことはわかりません。でも、野球に関してはオーナーよりずっと詳しいし、経験もある。今日は阪神のために、阪神ファンのために、このままではいけないと思って、あえて提言に来たのです。**まずは球団のリーダーたるオーナーに変わってもらわないと、阪神は変わりません！**」
気がつくと、会談は二時間をはるかに超えていた。

残念ながら二〇〇一年のシーズンかぎりで私は退団することになったので、私の発言がどれだけ影響をおよぼしたのかはわからない。が、それから短期間のうちに、阪神の球団内部で、さまざまな改革が次々と実行に移されたのは事実である。

まずは球団の心臓部と言っても過言ではないにもかかわらずまったく機能していなかった編成部にメスが入れられ、金本知憲《かねもとともあき》や伊良部秀輝《いらぶひでき》、下柳剛《しもやなぎつよし》らをFAなどで獲得したほか、ドラフトでも有力選手を積極的に狙いに行くようになった。それまで熱心ではなかったアマ球界とのパイプづくりにも精を出すようになった。それまでの阪神では考えられないことだった。

二〇〇三年、私のあとを継いだ星野仙一監督のもとで阪神が十八年ぶりのリーグ優勝を果たすことができたことに、こうした変化が大きく寄与していたのは間違いなく、それらはおそらくオーナーの意識が変わったことでもたらされたものだと私は確信している。

このエピソードを紹介したのは、阪神で三年連続最下位に終わったことの言い訳をしたかったからではないし、「私の直言があったから阪神は復活したのだ」と自慢したかったからでもない。

言いたかったのは、**「トップに立つ人間、すなわちリーダーの考え方が組織の浮沈のカギを握っている」**ということであり、それは言葉を換えればこういうことだ。

「組織はリーダーの力量以上には伸びない」

リーダーの力量、器が組織の盛衰を決めると言っても過言ではないのである。組織が発展するか、それとも衰退するかは、リーダー次第なのだ。

「リーダー不在の時代」

そう言われて久しい。政界では〝決められない政治〟が続き、経済も長らく低迷した。将来にもなかなか希望を描きにくい状況になっている。東日本大震災からの復興も遅々として進んでいない。

そういう閉塞感が充満していたからなのか、最近はやたら威勢のいい発言や景気のいい発言を繰り返す人、明確なビジョンや具体的な方法論を示すことなく「気合さえあればなんとかなる」と鼓舞する人、あるいは「自分と意見が違う人はすべて敵」とみなして物事を単純化し、議論やプロセスを無視して自分の主張を通そうとする人を「指導力のあるリーダー」「強いリーダー」と評価するむきがあるようにも思える。実際、そういう人たちが人気も高いようだ。

しかし、私は思う——真に強いリーダー、信頼できるリーダーとは、ほんとうにそういう人たちなのだろうかと。

真に強いリーダー、信頼できるリーダーとは、ただ強気の発言を繰り返すリーダーでも、ぺらぺらとよくしゃべるリーダーでも、人々が喜びそうな発言をするリーダーでもないだろう。「弱い犬ほどよく吠える」と言われるように、そういう人たちは、自分に自信がないから、不安だから、もしくは人気がほしいから虚勢を張ったり、迎合しようとしたりするのではないだろうか。

確固たるビジョンとゆるぎない信念、それを実行するための方法論と自信を持っているリーダーは、むしろ謙虚で、決して空威張りなどしないものだ。そして、そんなことをしなくても周りの人間は彼を信頼してついていく。

私は一九七〇年、三十五歳で南海ホークスの選手兼任監督に就任したのを皮切りに、南海で八年、ヤクルトで九年、阪神で三年、東北楽天ゴールデンイーグルスで四年、監督を務めた（社会人野球のシダックスでも三年間指揮を執《と》った）。南海以外、いずれも就任時はＢクラスが定位置の弱小チームだったが（南海も前年は最下位に沈んでいた）、それなりの結果を残すことができた（阪神だけは三年連続最下位に終わったが）。

が、残した結果以上に自分で自分自身を評価したいのは、指揮を執ったチームと選手たちに考えるためのエキスを注入できたことである。才能で少しくらい劣っても、戦力が足りなくても、やり方次第で巨大戦力を有するチームに充分に対抗できること、すなわち**弱者であっても勝者になれることを証明し、そのための方法論とノウハウを各チームと選手諸君に遺した**ことである。

私は大言壮語はしないし、嫌われるのを恐れて大勢に迎合することもない。処世術にいたっては零点である。にもかかわらず、古稀《こき》を過ぎても求められる場所があり、ときとして私の意見に耳を傾けてくださる方がいるのは、いま述べたようなことが評価されてのことだと想像する。

本書で私は、二十年余におよぶ監督生活のなかで考え、実践し、間違いないと確信した、**リーダーが持つべき心構え、備えなければならない条件、なすべきこと、人材育成、強い組織のつくり方といった、真のリーダーに必要な事柄**について述べていきたいと考えている。

私は野球のことしか知らないし、わからない。したがって、「リーダー論」といっても、述べることができるのは野球の、主として監督業についてだけではあるが、悩めるリーダーやさまざまな組織に身を置く方々が、自分の立場や位置に置き換え、本書から何らかの力を得てくださるとしたら、これほどうれしいことはないと思っている。

リーダー論

——覚悟を持って道を示せ

目次

第一章 哲学を持たざる者はリーダーに非ず

第二章 人を動かすリーダーの極意

第三章
見抜き、気づかせよ。そうすれば人は育つ

第四章 慢心したリーダーは害悪である

第五章　進化し発展する組織をつくるために

第一章

哲学を持たざる者はリーダーに非ず

「おれが責任を持つ」と言える度量を持て

「あなたの解説を聞いたり、評論を読んだりして、〝野球とはこうやってやるのか〟と感心しました。ぜひ、監督としてうちの選手を鍛えてやってほしいのです」

それまで縁もゆかりもなかったヤクルトから、突如監督就任要請を受けたのは、評論家としての生活が九年を過ぎようとしていた一九八九年の秋だった。

当時のヤクルトは、万年Bクラスと言っても過言ではないチームであった。私自身も、南海のプレーイング・マネージャー、すなわち選手兼任監督を一九七七年に解任されて以降、監督を務めた経験はなかった。

しかし、南海での八年の経験、その後再び一選手として、さらにグラウンドの外から評論家として客観的に野球を見ているうちに、私の頭のなかでは、「どうすればチームは強くなるのか」という理論のようなものが形を取りつつあったし、ある種の強化法が像を結びかけてもいた。そして、それを実践してみたい気持ちもあった。

とはいえ、私の志向するそれは――のちほど詳しく述べることになると思うが――一朝一夕にして成果が現れるようなものではなかった。弱者が一足飛びに強者になることはできない。むろん、他球団や外国から優秀な選手をかき集めれば、一年目から優勝することは不可能ではないかもしれない。しかし、それだけでは真の強化はできない。選手が入れ替わってしまえばそれまでで、強さがチームに根づくことはない。

私はヤクルトというチームに、そんなやり方を採るつもりは毛頭なかった。とすれば、ある程度結果が出るまでには時間がかかる。それはわかっていたので、すぐに結果を出すことを求められるのなら、即座に断るつもりだった。

そこで、監督就任を要請してきた当時の球団社長、相馬《そうま》和夫《かずお》さんに確かめてみた。

「一年目は畑を耕さなければならない。二年目は種をまいて育てます。花が咲く

のは早くても三年後。それまで待ってくれますか？」

社長は笑って答えた。

「失礼だが、あなたに監督をやってもらったからといって、うちのようなチームがすぐに優勝できるとは思っていない。計画性を持って、急がずにじっくり選手たちを教育し、育ててやってください。石の上にも三年、風雪五年と言います。五年後に優勝を争えるチームにしてくれればいい。そのためには何でも言ってほしい。協力は惜しみません」

そのうえで、社長はこう続けた。

「私が責任を持ちます。結果が出なければ、私も一緒に辞めます」

あとで聞いたところでは、ヤクルトの球団関係者は、必ずしも私の監督就任に賛成していたわけではなかったという。実際、前年の四位を下回る五位に終わった一年目のオフには、相馬社長は役員から吊るし上げをくったそうだ。

それでも社長は私を信頼し、支持してくれ、バックアップを惜しまなかった。おかげで私はチームの強化に専念することができ、社長に誓った通り、三年目にリーグ優勝、四年目に日本一という花を咲かせることができたのである。

相馬社長から私は、リーダーが備えるべきもっとも大切な条件のひとつをあらためて教えられた気がする。

「責任はすべておれがとる」

そういう度量である。

リーダーの仕事とはひとことで言えば、ビジョンとミッションを掲げ、その実現に向けて人を動かすことだ。自分の意向と指示によって人を動かすかぎり、「結果の責任は、すべてリーダーがとる」という態度は、すべてのリーダーに必須であろう。リーダーは振るえる権限が大きいぶん、伴う責任も当然大きいのである。

キャッチャーだった私は現役時代、いつもこう考えてマスクを被っていた。

「抑えたのはピッチャーの力、打たれたら責任はすべて自分にある」

たとえピッチャーが、要求したところと違うところに投げて打たれたとしても、私が出したサインに首を振り、自分が投げたい球を投げた結果、痛打されたとしても、それはすべて自分の責任だと思っていた。ベンチに帰ってきて当時の南海の監督だった鶴岡一人《つるおかかずと》さんに「なんであんな球、要求したんや！」とどやされても、いっさい弁解はしなかった。

監督になってからもその姿勢をずっと貫いた。勝てば選手の手柄だと考えていたし、負けたときでも選手が全力を尽くしたのなら、選手のせいにはしなかった。

「おまえを起用したおれが悪い」

いつもそう言い、選手を責めることはなかった。

そもそも、失敗した非を認めず、人に責任を押しつけて平気な人間が、どうして周りから信用され、信頼されようか。まして、人の上に立つリーダーがそんなであっては、下にいる人間はやる気をそがれ、失敗だけは避けようという事なかれ主義に陥るしかない。それではダイナミックな仕事などできるわけがないではないか。

〝これは〟と思った人材を抜擢《ばってき》し、信頼して思い切って仕事をさせ、ある程度結果が出るまで待つこと。言い換えれば、**近い将来の大きな成果のために、多少の**

目先の不利益に目をつぶる覚悟を持てることは、リーダーには絶対に欠かせない条件なのである。

不安を取り除いてやるのもリーダーの仕事である

「責任はすべておれがとる」——そういう姿勢がリーダーになければ、チームを強くすることはできない、と前項で述べた。この、リーダーが責任をとる姿勢はまた、選手を育てる際にもたいへん重要になってくる。

プロの世界に入ってくるような選手であれば、持っている力にそれほどの差はない。半世紀以上にわたってプロ野球の世界に身を置いてきた私が言うのだから、間違いない。実際、フリーバッティングやブルペンでのピッチングを見ていると、特別な天才をのぞけば、ボールを飛ばす距離や球のスピードに大差はないのである。にもかかわらず、順調に伸びる選手と伸び悩む選手が出てくる。

むろん、伸び悩みの原因は人それぞれ、さまざまだが、なかで意外に無視できないのがメンタル面である。

ヤクルト時代、キャンプでブルペンを視察したときのことだ。当時の主軸だった岡林洋一《おかばやしよういち》、西村龍次《にしむらたつじ》と並んで、ある若手のピッチャーが投げていた。そのピッチャーは百四十五キロのストレートと鋭いカーブを持っていて、そのときもすばらしいボールを投げていた。私はふと思った。

「何も知らないアメリカのスカウトがこの三人を見て、誰がほしいかと訊《き》かれれば、この若手かもしれないな……」

にもかかわらず彼は、入団してかなりの時間が経っても芽が出ないでいた。典型的な〝ブルペンエース〟だった。そこで私は彼を呼び、訊ねてみた。

「西村や岡林とおまえはどこが違うと思う？」

「コントロールだと思います」

「それだけか？」

「………」

「だが、ブルペンではストライクを取れていたぞ。じゃあ、どうして試合になるとコントロールが乱れるのか」

私は続けた。

「マウンドでいろんなことが頭をよぎるだろう。ボールが先行すると〝フォアボールを出しやしないか〟〝ストライクを取りにいくと打たれやしないか〟というふうに……」

ポジティブになれず、マイナス思考に陥る――それが、彼が持てる力を発揮できずにいる根本的な理由だったのである。

西村にしろ、岡林にしろ、一軍で成績をあげるピッチャーにマイナス思考はいない。投球動作に入れば、考えることはキャッチャーが構えたミットに投げることだけだ。しかし、その若手ピッチャーはそうではなかったのだ。そこで私は言った。

「岡林や西村がど真ん中に投げて逆転ホームランを打たれたとしよう。おれは激怒するだろう。だがな、おまえが打たれても怒らない。そこまでのレベルに達していないのだからとあきらめる。**おまえが打たれるのはあたりまえなんだから、つまらないフォアボールを出さないことだけを考えろ。問題はそれだけだ**」

プロに入ってくるようなピッチャーは、もともと精神的には強いものを持っている選手が多い。しかし、なかには失敗を怖がる〝おびえ人間〟がいるし、新人のころは誰もが「やっていけるのだろうか」と不安を抱えているものだ。二〇一三年まで埼玉西武ライオンズで現役を続けたベテラン左腕の石井《いしい》一久《かずひさ》も、意外なことに典型的な〝おびえ人間〟であった。

彼は高卒でヤクルトに入ってきたときから、すぐにでも一軍で通用するストレートとカーブを持っていた。ところが、コントロールが悪かった。コントロールが悪い原因には主に、打たれる恐怖、フォアボールへの恐怖、ピッチングフォームの欠陥の三つがあるが、石井の場合はフォアボールに対する恐怖がもっとも大きかった。「フォアボールを出したらどうしよう」とおびえるあまり、制球が定まらなくなって歩かせたり、カウントを悪くして甘く入ったところを打たれたりして、自滅することが多かったのである。

キャッチャーとしてこういうタイプのピッチャーを受けるとき私は、いつもこう言って励ましたものだった。

「よけいなことを考えず、おれのミットだけをめがけて投げろ。それで打たれたら責任はおれがとってやる」

だから石井をマウンドに送り出すときもこう言った。

「おまえが打たれても、おまえを使ったおれが悪い。〝フォアボールを出したらどうしよう〟なんて考えず、バランスだけ気をつけて投げろ」

こうしていい意味で開き直った石井は自信をつけ、期待通り先発ローテーションの柱に成長し、メジャーリーグ（ロサンゼルス・ドジャース）にも挑戦するほどのピッチャーとなった。

峠を過ぎた選手を何人も再生させ、私は〝野村再生工場〟の異名を頂戴するようになったわけだが、これも「失敗したらおれの責任」という態度をずっと持ち続けていたからこそだと思う。

他球団からお払い箱になった選手は、大いなる悔しさと反骨心を持っている。が、その一方で「ほんとうにカムバックできるのだろうか」という不安も同じくらい抱えているものだ。

そういう選手を起用するとき、最初は敗戦処理など楽な場面で使うのがふつうだ。**しかし、私はむしろいきなり大事な場面で起用することのほうが多かった。**

より奮起させるためである。大事な場面を任されれば、彼らは意気に感じるに違いない。期待に応えようと思うはずだ。**それが実力以上のものをしばしば引き出すことになるのである。**

ただし、試練を強いる以上、彼らの不安を最大限取り除いてやり、自分の力をフルに発揮することだけに集中できる環境を用意してやるのは監督の務めである。

私は場合によっては配球まで指示して、こう言ってやった。

「これでもし打たれてもおれの責任だ。あとのことはいっさい考えなくていい。自分を信じて力を出し切れ！」

ヤクルトで貴重な中継ぎとして貢献してくれた野中徹博《のなかてつひろ》や廣田浩章《ひろたひろあき》、阪神の抑えとしてカムバック賞を受賞した成本年秀《なりもととしひで》らは、そうやって復活したピッチャーたちだった。

判断は頭でするもの、決断はハートでするもの

名コーチ、必ずしも名監督たりえず——。不思議なことだが、少なくともプロ野球にかぎってはこれは事実である。

たとえば、南海の時代、私の片腕となってくれたブレイザーはヘッドコーチとしては最高だったが、阪神の監督としては失敗した。古くは中西太《なかにしふとし》さんや山内一弘《やまうちかずひろ》さん、青田昇《あおたのぼる》さんも数々の名選手を育てたが、監督としてはさしたる実績をあげていない。近年では尾花高夫《おばなたかお》が多くの球団でコーチを務めながら監督となると散々だった。どうも阪神の和田豊《わだゆたか》もそんな感じがする。

正直、なぜなのかはわからないが、ひとつ、監督とコーチには決定的な違いがある。

「コーチは〝部分〟であり、監督は〝全体〟である」

あえて言えば、そういうことになろうか。あるいは、人間の身体にたとえれば、目、耳、腕、足……それぞれを担うのが、バッティング担当、ピッチング担当、守備・走塁担当、戦略担当……といったコーチであり、監督はそれらすべてを司る脳の役割を果たすということか。

すなわち、各部分を掌握しながらもつねに全体を見据え、どのように行動すべきかを決めるのが監督なのであり、一方、コーチは「判断」はしても「決断」はしない。

決断をするか否か——そこが監督とコーチの根本的な違いなのである。 リーダーは、判断力だけでなく、決断力も持っていなければならないのだ。

判断と決断は、似ているようで違う。

「判断は頭でするもの。一方、決断はハートでするもの」

端的に言えばそうなる。

判断は、なんらかの基準にもとづいてなされるものだ。必ず基準となる材料がある。ピッチャーを交代させるときの判断を例にとれば、ピッチャーの疲労度はもちろん、そのピッチャーと控えピッチャーの力や信頼度、次打者以降との相性や力関係、それからアウトカウント、得点差、ランナーの有無、イニングなどさまざまな基準を考慮し、さらにこれまでのデータや経験、観察と洞察を加え、交代させるべきなのか、続投させるべきなのかを決めるわけだ。

ただし、その判断を実行に移すには決断をしなければならない。**判断が正しかったとしても、決断しなければそれは絵に描いた餅にすぎない。**

ところが、決断には基準となるものがない。材料がない。だから、迷う。私だって、つねに迷っていた。そして、迷ったときは得てして結果もよくないことが多かった。

だから、監督は迷わず決断しなければならない。では、どうやって決断すればいいのか——。

「これに賭ける」

私の場合は、そういう対象を探すことで決断を下してきた。「決断はハートでする」と言ったのは、そういう意味だ。

実際にプレーするのは自分が教え、育てた選手だから、最後は彼らの能力に賭けるしかない。

「このピッチャーの勝負強さに賭けてみよう」

「闘争心に賭けよう」

「こいつの足に賭けてみよう」

というふうに、「これに賭ける」という対象が見つかれば、すんなりと決断できた。それで失敗したら、しかたがない。自分の責任だ。

そう、**決断とは一種の賭けなのである。**いくら正しい判断ができても、決断ができなければ、リーダーとしては失格だろう。

「あのとき、こうしておけばよかったのに……」

結果論で批判するのは誰でもできる。問題は、決断できるかどうかなのだ。

よきリーダーは決断するのである。

信頼は闘いのなかから築かれると心得よ

リーダーとフォロワーのあいだ、プロ野球でいえば監督と選手のあいだに信頼関係が必要不可欠なことは言うまでもない。

「信は万物の基をなす」という言葉があるように、信頼はすべての基本である。監督が選手に信頼されなくて、勝てるはずがない。

「この監督についていけば勝たせてくれる」

監督は選手にそう思わせなければならないのだ。

ただし、信頼とは選手に好かれることではない。選手と仲良くすることでもない。むしろ逆だ。

「信頼とは、闘いのなかから築かれる」

私はそう信じている。

なぜか――。

監督には、「こういう野球がしたい」という理想があるはずだ（これがない人間には、そもそも監督の資格がない）。それを具現化するべく、戦略・戦術を立て、それに則って選手を配置し、動かそうとするわけだが、選手たちは最初はなかなか思う通りには動いてくれない。当然、結果も出ないから、選手たちのあいだに次第に監督に対する不信感が増していく。

だからといって、そこで選手にすり寄ったり、迎合したりしてはダメなのだ。繰り返し、繰り返し、「こうすれば絶対に勝てる」と、理想と信ずるところを選手たちに説き続け、その実践を通して「この監督についていこう」と思わせなければならないのである。

そのためには、野球の知識や理論はもちろん、社会的常識、さらには人格や言動まで、すべてにおいて監督は選手に負けてはならない。つまり、**監督は選手と闘わなければならないのであり、その闘いに負けた瞬間に、信頼関係は一気に崩壊する。**その意味で、選手は監督の「敵」なのである。

本来は味方のはずの選手に勝てずして、ほんとうの敵に勝てるはずがない。仲良くすれば、馴れ合えば選手がついてくると思うのは、大きな間違いなのである。

私は、選手を連れて呑みに行ったこともなければ、食事に出かけたこともない。仲人をしたこともなかった。選手とのあいだに一線を引いていた。

しかし、正しい強化法を実践していれば、選手との真剣勝負を繰り返すなかで、少しずつ着実に結果が出はじめる。そうなれば、選手の信頼も徐々に増していく。

「この監督ならほんとうに勝たせてくれる。信じてついていこう」

そう思うようになる。

監督は常に選手より一歩先を進んでいかなければならないのだ。

こうした関係がほんとうの信頼関係なのであり、それは試合を通じてのみ築かれるのである。

「いるだけでやる気にさせる」ムードを発しているか？

南海時代に私が薫陶を受けた鶴岡一人監督は、そこにいるだけで選手をして「やらなければならない」という気にさせる監督だった。鶴岡さんがいないときは、練習をしていてもどこか気の抜けた雰囲気が漂うことがあったものだが、鶴岡さんの姿が遠くにでも見えたとたん、場の空気が引き締まった。選手だけでなく、コーチたちもピリピリしているのがわかった。鶴岡さんは威厳のかたまりのような人だった。

巨人を九連覇に導いた川上哲治《かわかみてつはる》さんも、威厳を感じさせるという点では鶴岡さんにまったくひけをとらなかった。川上さんの前の監督だった水原茂《みずはらしげる》さんが、そのダンディさゆえか、周囲が「ミズさん」と気軽に話しかけられる雰囲気を醸していたのに対し、川上さんには周囲を寄せつけない厳しさがあった。水原さんに代わって川上さんが監督になったとたん、巨人のベンチのムードがガラッと変わったのをいまでも私は鮮明に憶えている。水原監督時代にはときに穏やかさを感じさせることもあったが、川上さんが監督になると、いつもピーンと張りつめたような空気になったのである。

　このおふたりにかぎらず、**昔の監督は威厳があった。存在するだけで、周囲に緊張を強いるようなオーラを持っていた。**かく言う私だって、ヤクルト時代を知る池山隆寛《いけやまたかひろ》や橋上秀樹《はしがみひでき》に言わせると、「ものすごく怖かった」らしい。若かったせいもあろうが、相当にギラギラしていたようだ。宮本慎也《みやもとしんや》は、私の姿が見えなくても、気配で私がやってきたのがわかったという。空気が変わったらしい。

しかるにいま、いるだけで威厳や重々しさを感じさせる監督が何人いるだろうか。少し振り返ってもせいぜい星野か落合博満《おちあいひろみつ》くらいではないか。ほとんどの監督が軽い。選手とあまり歳が離れていない監督が多くなったせいか、仲間の延長のような感じを受ける。

　もしかしたら、いまではそのほうがリーダーとして好まれるのかもしれない。友だちのような監督のほうが選手としてはやりやすいのかもしれない。

けれども、やはりある程度の威厳は監督には絶対に必要だと私は思う。年中感じさせる必要はないかもしれないが、ここぞというときには一瞬でチームに緊張感を漲《みなぎ》らせるだけのムードは絶対に持っていなければならない。

そもそも、威厳というものは必ずしも恐怖感だけから生まれるものではない。ヤクルト時代の私が怖かったというのは、何も鉄拳を振るうなどして恐怖を感じさせたのではなく、私が持っていた強い意志と確固たる信念がにじみ出ていたからに違いない。

「おれの目指す野球で、絶対に日本一になってやる！」

そういう強い気持ちが、選手には怖さとなって感じられたのではないか。私の場合、情熱によって選手に威厳を感じさせていたと言えるかもしれない。

そう考えると、阪神で失敗した理由も、われながら納得できる。ヤクルト時代に較べれば、情熱が薄れていたのだ。日本一に三回もなったことで、勝利への飢餓感というか渇望ともいうべきものが、知らず知らずのうちに弱まっていた。そのぶん、選手に私の思いが届かなかったのではないかと思うのだ。だから、〝野村の考え〟を浸透させることができなかった。

リーダーと言ってもタイプはいろいろで、威厳の醸し方は人それぞれだとは思う。しかし、いずれにせよ**リーダー的立場にある人間は、そこにいるだけで周囲に「やらなければならない」と感じさせるムードを身につけるべきである**と私は思う。

プロフェッショナルであるなら、なによりも「知力」を重視せよ

プロフェッショナルとは何か——。

その道の専門家であろう。であれば、その仕事について深い知識は持っていて当然である。**ましてやリーダーは、その専門家を束ね、自ら掲げるビジョンとミッションを実現させせる立場にあるのだから、部下を圧倒するだけの知識や理論を持っていなければならない。**

だが、近年のプロ野球の世界においては、〝知将〟と呼ばれる監督が非常に少なくなった。確固たる野球観、経験にもとづいた豊富な知識と理論を持った監督は、最近では落合博満くらいであろう。

知力を使うことが少ないから、体力と気力のみの野球、すなわち〝力いっぱい投げ、力いっぱい打てばそれでよし〟という、大味で荒っぽい野球が主流になっ

てしまっている。また、それをメディアやファンも「力対力の名勝負」などと持ち上げる。

しかし、そんなものは私に言わせれば、たんなる〝投げ損じ、打ち損じ〟の野球にすぎない。

野球は一球一球のあいだに間《ま》がある。それはどうしてか。
「考える時間が与えられている」
私はそう解釈している。

野球は一球ごとに状況が変わる。そこで繰り広げられるおたがいの知力を尽くした読み合いや駆け引きに、野球というスポーツの本質や奥深さや醍醐味《だいごみ》、そして弱者でも強者に勝てるという意外性がある。ところが、そうしたことが忘れ去られてしまっているのが現在の日本のプロ野球なのである。

では、どうしていまの監督たちは、知力を軽視するのか——想像するに、ほとんどの監督がほんとうの意味での技術的限界に突き当たることなく現役を終えたからではないか。

私は天才ではなかった。それを自覚していたから、一流になるには練習しかないと考え、人の倍以上バットを振った。その甲斐あって、三年目に一軍に上がり、四年目にはホームラン王になった。

しかし、ここから打てなくなった。それまで以上に練習しても、成績は上がらなかった。その原因は、ひとことで言えば相手に研究されたからである。天才ではないから、たとえばストレートを待っているところにカーブを投げられたら、もうどうすることもできない。咄嗟《とっさ》に身体が反応できないのだ。

つまり、天才ではない私の技術は、せいぜい二割五分、ホームラン二十本ほどを打てる程度のものだった。ここにきて私は、技術的限界に突き当たったのである。

技術的限界に突き当たったとしたら、どうするか——知力しかない。頭を使って考えるしかないのである。知恵を振り絞り、データやピッチャーのクセを研究して相手バッテリーの配球を読むことで、私は技術的限界を乗り越えた。

そういう経験を持つ私からすると、いまの監督たちのほとんどは私のような、ほんとうの意味での技術的限界を経験していないように見える。技術や気合だけではもはやどうにもならないという苦しみを味わったことがないように思えるのだ。

技術で対処できたのか、あるいはそこそこの成績で満足・妥協してしまったのか、いずれにせよ、知恵を振り絞って徹底的に考えるまでにはいたらなかった――そういう選手が監督になっているのだから、技術力の差がペナントレースの結果にそのまま出てしまうのも、道理なのである。

強者であるならば、技術力だけでなんとかなるかもしれない。しかし、弱者はそうはいかない。技術力の不足をカバーするものが必要だ。それは何かと言えば、知力にほかならない。

知力を振り絞れば、弱者であっても強者に勝てる。凡人であっても天才に対抗できる。これは個人だけでなく、組織に対しても言えることだ。**ほんとうのプロフェッショナル集団を率いるリーダーに必要なのは、技術力やすでに持っている能力を超えて闘いを挑むための知恵なのである。**

感動させる「言葉」を持て

リーダーという立場になると、人前で話をする機会は想像以上に多いものだ。私自身、監督だったときは、あらゆるところで話をさせられた。ミーティングはもちろん、日々メディア応対もしなければならないし、キャンプに行けば出迎えてくれたファンや関係者の前であいさつするのは監督の義務だ。球場を訪れたオーナーなどの相手をするのも監督だし、納会などでも必ずひとことを求められる。たかがあいさつ、たかがひとこと、と軽んじてはならない。リーダーは、決して能弁である必要はないが（私だってそうではない）、短くても簡潔に相手に届く言葉を持っているべきであろう。

「感動は人を変える源泉である」と言われる。「感動」という言葉は「感じて動く」と書く。**感動すれば、人は自然と動くのである。そして、人を感動させるためには、相手の心を射抜くような言葉が欠かせない。**

それは政治家を思い浮かべれば容易に想像できる。いくらすばらしい政策を持っていようと、それを明確にして簡潔な言葉で伝えられなければ国民を納得させることはできないし、当然支持も得られない。高い支持率を誇る政治家はみな――内容の是非は措《お》くとして――国民の心に届く、説得力のある言葉を持っていたはずだ。プロ野球の監督であろうと、企業の管理職であろうと、それは変わらないのである。

なにより、指導において言葉は非常に重要だ。自分の持っている知識や理論、技術やノウハウを伝えるには、言葉が必要不可欠だからである。まさに〝言葉は力なり〟である。

むろん、自ら手本を示すやり方もある。とりわけ野球などスポーツの技術指導はその傾向が強い。しかし、引退後時間が経てば、それは難しくなるし、たいがいの選手は凡人なので、手本を見ただけで技術を会得できるわけではない。そのとき、自分の持っている技術やノウハウを伝える手段は言葉しか残っていない。

だからこそ、リーダーは言葉を獲得する必要があるのである。

言葉の大切さを私が痛感させられたのは南海を引退した後、評論や講演の活動をはじめたときだった。評論を読んだり講演を聞いたりするのは、一般の野球ファンであり、プレー経験を持たない人のほうが多い。そんな人たちに野球の魅力、醍醐味、奥深さを伝えるためには、的確にしてわかりやすい言葉が必要だ。

私は野球に関する知識と理論では誰にも負けないという自負があったものの、元来口下手で照れ屋であるため、それを伝える術、すなわち言葉を持っていなかった。そのため、ストレスで円形脱毛症になったこともあった。

「言葉を磨かなければならない」

そう悟った私は、哲学や政治経済、科学、文学など、ジャンルを問わず手当り次第に本を読みはじめた。なかでも中国の古典は参考になることが多く、心に響いた内容や言葉には赤線を引いたり、ノートに書き写したりした。そうやって、少しずつ言葉を身につけていったのである。

元来、野球選手は無知無学の人間が多い。

私の言葉になんらかの説得力や含蓄を感じ取っていただけるとすれば、それは自ら努力して獲得していったものなのだ。

危機管理能力はリーダーに不可欠である

最近のプロ野球の監督たちを見ていると、たとえば味方にホームランが出たとき、あるいは加点したり、逆転したりしたとき、選手と一緒になって喜んでいる。あれが私には不思議で理解できない。

孫と言ってもいいくらいの歳の選手たちと野球をせざるをえなくなった監督生活の後半には、私もホームランを打った選手と手を合わせるくらいはするようになったが、以前はいっさいそんなことはしなかった。

チームに一体感を持たせ、ベンチのムードを盛り上げるためには、監督が選手と一緒に喜ぶ姿を見せるのもひとつの方法である。私が手を合わせるようになったのも、そういう考えからだった。だから、そういう意図のもとで意識的に行っているなら、まだ理解できないことはないのだが、いまの監督たちはどうやら本気で喜んでいるようなのだ。だとしたら、監督としての資質に疑問を感じざるをえないし、少なくとも私の監督観とは相容れない。

私だって、得点が入ればうれしくないわけがなかった。勝ち越したり、逆転したりしたときは、「よし!」と思った。けれども、それは一瞬で、すぐに気を引き締めようとした。いや、意識しなくても、自然とそうなった。というのは、**逆点したり得点したからといって、試合は終わったわけではないからだ。**

「よし、どうやって逃げ切ろうか」

「ブルペンは用意できているか? 守備固めの準備はできているか?」

すぐさま思考がそちらに向かったのである。そして、それは監督という仕事を考えれば当然だと私は思う。

なぜなら、監督の最大の仕事のひとつは、「危機管理」であるからだ。これは、組織を束ねるすべてのリーダーに共通することだろう。すなわち、取り返しのつかない事態を避けるべく、いかなるときも最悪の事態を想定し、どういう状況、条件が揃ったらそういう事態に陥るかをきちんと把握・認識したうえで、そこにいたらないよう対策を用意し、備えること――その姿勢と能力がリーダーという立場にある者には必要不可欠なのである。

だから選手と一緒になって喜んでいる監督たちを見ると、「大丈夫なのかいな？」と感じざるをえないのだ。選手と一緒になって喜んだがために、一瞬判断が遅れ、対策が間に合わなくなることは充分にありえる。そして、それが命取りにならないともかぎらないではないか。

そういう可能性に少しでも思いを馳せれば、どうして選手と一緒になって手を叩いて喜んでいられようか。喜ぶどころか、選手たちを叱咤《しった》してもいいくらいではないか。

監督と選手は常に立場が違うということを自覚しておく必要がある。

監督が心の底から喜べるのは、試合に勝ったときなのである。

最悪の事態を想定することなしのチャレンジは、たんなる無謀にすぎない。最悪の事態とはいかなる状況か、どのようなときにそうなるのかを想定し、そのための対策を立ててはじめて、大胆にチャレンジできるし、冒険もできる。思い切り勝負することができるし、失敗もできる。危機管理は、そのための前提条件となるものであり、その能力は、すべてのリーダーに必要不可欠だと私は思っている。

選手はいくらポジティブであってもいい。いや、むしろプラス思考であるべきだ。

しかし、監督はそうではない。むしろマイナス思考であるほうが望ましいと私は考えている。事実、プラス思考の名監督というのは、いないのではないだろうか。少なくとも私には思い浮かばない。

第二章
人を動かすリーダーの極意

「のびのび」から生まれる強さは本物ではない

近年は学校でも〝個性の尊重〟が謳《うた》われ、自由に、のびのび育てることが奨励されているようだ。企業でも、上司が部下をほめ、気分よく仕事をさせるやり方が主流になっているらしい。

プロ野球でもそういう指導者が増えている。二〇〇五年にボビー・バレンタインに率いられた千葉ロッテマリーンズが日本一になったあたりから、そういう傾向が強くなったのではないかと感じている。当時、私はロッテの選手たちにバレンタインについて訊ねたことがある。

「とても気分よくプレーさせてくれるんです」

彼らは異口同音に話していた。

いまの若者は叱られた経験が非常に少ない。個性を尊重するという大義名分と少子化の影響もあってか、自分の価値観を否定されずに社会に出る。そのため、ちょっとでも厳しく叱咤されると、萎縮してやる気を失ってしまいかねない。だから、自由に、のびのびとやらせたほうが力を発揮する、というわけである。その意味で、バレンタインのやり方はいまの時代にマッチしていたのかもしれない。

だが、ロッテの強さは持続しなかった。突然変異的に好成績をあげることはあったが、つねに優勝争いに加われるような安定した成績を残すことができなかった。いまもそうだ。**つまり、本物の強さがチームに根づいたわけではなかったのである。**

選手をほめあげて気分よくプレーさせれば、歯車がうまくかみ合ったときは勢いに乗って実力以上の力を発揮することがある。けれども、それは体力・気力・知力のうち知力を軽視し、個々の力と気分に頼った大味な精神野球の一種である。一度つまずくとかんたんには立て直せない。

加えて、**気分よくプレーしたいがために失敗や負けの原因を直視せず反省もせず、勝ったとき、成功したときのイメージだけを残そうとする。当然、失敗や負けから学び、活かすという態度、習慣がチーム内で共有され、継承されていくこ**

ともない。ロッテの成績に波があるのは、このあたりが影響しているように私には思えてならないのである。

なにより私は東北楽天の監督時代、ロッテの選手を見ると、暗澹《あんたん》たる気持ちになったものだった。はっきり言うが、当時のロッテの選手たちは、十二球団でもっともだらしがなかった。長髪や茶髪、ヒゲが多かっただけでなく、Tシャツに短パンで試合前の練習をしていた。しかも、観客がすでに入っているにもかかわらず、だらだらとしまりのない動きを見せていた。プロ意識のかけらも感じられなかった。

仕事に対する取り組み方の如何《いかん》は、まずは見た目や態度に表れる。見た目にこだわるのは、「目立ちたい」という自己顕示欲の表れだが、野球選手で言えば、まずは野球で目立つことを考えるべきである。「いい服を着たい、一流品を身につけたい」という欲は必ずしも否定されるべきではないが、順序を間違えてはいけないのだ。そもそも、「目立つこと」と「だらしないこと」はまったく別の話であろう。

「個性とは他人の納得と承認があってはじめて輝くものである」

私はそう信じている。そして、個性とは「世のため、人のためにに役立ってこそ活きてくる特性」を指すと考えている。好き勝手、わがままとは断じて違うのだ。もし、部下が自由や個性の意味をはき違えているのなら、リーダーはそれを正さなければならない。それが本物の強さを根づかせるための第一歩となるのである。

チーム掌握の第一歩は意識改革にある

まだまだ現役バリバリだった三十五歳のとき、南海球団からプレーイング・マネージャー就任要請を受けた私は、ひとつだけ条件をつけた。

「ブレイザーをヘッドコーチにすること」

ブレイザーとは本名をドン・ブラッシンゲームといい、南海で一緒にプレーした元メジャーリーガーだった。

彼が来日したころの日本の野球は、まだまだ気合と根性を重視する精神野球が全盛だった。それが不満だった私は、彼をしばしば食事に誘い、野球談義に花を咲かせた。小柄ながらメジャーリーグでも活躍した彼の野球理論や知識、哲学は、私を瞠目《どうもく》させたものだった。ブレイザーは、〝考える野球〟を私に教えてくれた恩人だった。それで、片腕となるヘッドコーチに迎えることにしたのである。

「外国人コーチで大丈夫なのか？」

チームに拒否反応がなかったと言えば嘘になる。しかし、そんな心配は最初のミーティングで吹っ飛んだ。外国人ヘッドコーチを訝《いぶか》しむ選手たちを前にしたブレイザーは、それまで日本では見たことも聞いたこともなかった理論、知見を披露し、選手たちを圧倒したのである。選手は確信したはずだ。

「この人の言う通りにやれば、絶対に勝てる」

ブレイザーは選手の意識をまさに改革し、いっぺんで信頼を勝ち得たのである。たとえ最初は拒否反応があったとしても、きちんと筋道を立てて「こうすれば勝てる」と自信を持って語りかければ、人は納得するし、「この人についていこう」と信頼感が生まれるものなのだ。

このミーティングは、私にとっても非常に大きな経験となった。

「チーム掌握の第一歩は意識改革である」

そのことをあらためて痛感したからである。

組織をひとつにまとめ、目指すべき方向に向かわせること——リーダーに課せられた最大の使命はそういうことだろう。プロ野球の監督で言えば、さまざまな個性を持つ選手を「優勝」という目標のもとに結束させ、チームのために全力を傾けさせることだ。

そのためには意識改革が必要なのであり、意識改革のためには「最初が肝心」なのである。そう、まさしく「鉄は熱いうちに打て」なのだ。

そのことをブレイザーから学んだ私は、ヤクルトの監督になったとき、最初のユマキャンプでそれまで自分が培ってきた野球理論、知識、哲学はもちろん、人生論まで全身全霊をかけて選手たちに叩き込んだ。

選手たちは、新しくやってきた監督がどういう人物なのか興味津々だし、どのような野球をしようとしているのか知りたがっている。話を聞くための態勢が整っているのである。そこに、それまで聞いたこともなかったような、考えたこともなかった話をすれば、選手たちはこう思う。

「今度の監督は、いままでとは違う」

先に「感動は人を変える源泉である」と述べたが、目を輝かせ、身を乗り出して私の話を食い入るように聞いている選手たちの姿からは、「野球とは、こうやってやるものなのか」という感動が伝わってきた。

それを見て私はほくそえんだものだ。

「よし、これならなんとかなるぞ」

と。

恐怖のみで人を動かすのは最低の指導者である

すぐれたリーダーは例外なく、人を動かす術に長《た》けている。ただし、人を動かす方法はひと通りではない。リーダーの個性、相手によってやり方は変わってくる。

人の動かし方には、大きく分けて六つあると私は考えている。これから、その方法について、少し話してみたいと思う。

ひとつ目は、**「恐怖で動かす」**方法——すなわち、威圧感を持って文字通り選手に恐怖心を与え、「やらなければぶっとばされる」という気持ちをモチベーションにさせる方法である。プロ野球の監督で言えば、その代表は星野仙一だろう。

監督というものは誰でも、自分が選手として仕えた監督の影響をなにかしら受けているものである。私はなんだかんだ言っても鶴岡さんの影響を大きく受けているし、西武ライオンズの黄金時代を築いた森祇晶《もりまさあき》は、巨人時代に薫陶を受けた川上哲治さんそのままと言っても過言ではない。近鉄やオリックスを指揮した西鉄ライオンズ出身の仰木彬《おおぎあきら》は、私の見るところ、三原脩《みはらおさむ》さんの直系だ。選手に対する接し方、能力を見抜く眼力などは三原さんから学んだに違いない。

それでは星野は誰の影響を受けているのか。おそらく明治大学時代の恩師、島《しま》岡吉郎《おかきちろう》さんだろう。厳しさで知られる島岡御大のもとで大学時代の四年間を過ごしたことで、彼は人を動かすにはまず「怖さ」が必要なのだと理解したのではないか。

たしかに、緩み切った組織を活性化させるには、恐怖心を煽るやり方がもっとも手っ取り早い。阪神で三年連続最下位に終わり、退任することになった際、私が星野を推薦したのもそれが理由だった。首脳陣やメディア、ファンに甘やかされ、自分たちを一流だと勘違いしている阪神の選手の多くは、いくら私が理を説いても聞く耳を持たなかった。つまりは「子どもの集団」だったのである。

「これを変えるには、怖さを感じさせる存在、鉄拳制裁も辞さない熱血監督が必要だ」

私はそう思った。**甘やかされた子ども集団を変えるには、理よりも熱が必要だと思ったのだ。**

それで最初は西本幸雄《にしもとゆきお》さんを推《お》したのだが（西本さんも熱さでは人後《じんご》に落ちない監督だった）、阪神は以前に就任を依頼したことがあり、健康上の理由で断られたのだという。

「ならば――」

私は言った。

「星野しかいません」

その二年後に阪神が十八年ぶりのリーグ優勝を飾ったのは――「はじめに」で述べたフロントの改革がもたらした効果的な補強とともに――星野のもとで選手の意識がガラッと変わったことが大きいと私は考えている。実際、だらけ切っていたベンチにピーンと緊張した空気が漂うようになった。星野の醸し出す「やらなければただではすまされない」という雰囲気の前に、選手たちの目の色が変わったのである。

このように、「恐怖」で人を動かすやり方だといち早く結果が出るのは事実だ。**しかし、この方法は私に言わせればもっともかんたんであり、もっとも低いレベルのリーダーがすることである。**誤解されないよう言っておくが、星野だって、決して恐怖だけで選手を動かしていたわけではない。人を動かすというのは、そんな単純なものではないのだ。

「恐怖で動かす」やり方の究極が鉄拳制裁、体罰であろう。大阪の公立高校のバスケットボール部主将が、顧問教師に体罰を受けたのを苦に自殺したことを発端に、体罰の是非が大きな議論を呼んだ。柔道女子日本代表監督が選手に鉄拳を振るったとされる問題は、柔道界全体を揺るがす大騒動に発展した。

私自身の体験を話せば、南海に入団した一九五四（昭和二十九）年当時は、プロの監督やコーチは戦争から引き揚げてきた〝軍隊上がり〟ばかりだった。鶴岡監督はまさしくその代表で、選手がしくじるとよく怒鳴ったものだ。

「営倉に入れるぞ！」

営倉とは兵隊の懲罰房であるが、ほかにも「連帯責任」といった軍隊用語が飛び交っていた。何かあると、すぐ正座をさせられ、ビンタを受けた。日常茶飯事だった。

当時はそういう時代だったから、とくに腹を立てることはなかったけれど、私はそういう野蛮なやり方は好きではなかったし、効果があるとも思えなかった。レベルが低いと軽蔑していた。

体罰は〝愛のムチ〟だとよく言われる。しかし、**私に言わせればそれは、「どうしておまえはおれの言うことがわからないんだ！」という指導者のエゴでしかなく、暴力でしか自分の考え方を伝えられない指導者の未熟さ以外の何物でもない。**

そういう指導者は結局、指導に対するぶれない軸を持っていないのだと思う。言い換えれば、選手たちが自分のことをほんとうに監督やコーチとして認めているのか、信頼してくれているのか、自信がない。**確信がなくて不安だから、暴力という手段で恐怖を与え、自分の存在を誇示しようとしているのではないか。**

そういう指導では、選手はいつも監督やコーチの顔色ばかり見るようになってしまい、指導においてもっとも大切な「進歩したい、成長したい」という向上心や意欲を刺激し、引き出すことは不可能だ。それでは、いくら最初は結果が出ても、ちょっとでも恐怖が薄れればチームは弛緩し、そうなるとまたいままで以上に激しい鉄拳を使わざるをえず、ますますエスカレートしていく……という悪循環にはまるしかないと思う。

たとえ理屈はどうあれ、恐怖でしか自分をアピールできない、自分に従わせることができない監督やコーチは最低の指導者であり、指導者失格と言うほかない。

二十年以上にわたった監督生活で、私は一度も選手に手をあげたことはなかった。これだけは自信を持って言える。

強制と管理のリーダーシップには限界がある

リーダーは人を思い通りに動かすことで、組織を正しいと信じる方向へ向かわせる必要がある。前項では、恐怖のみで人を動かす方法の愚かしさについて述べた。では、ほかにはどんな方法があるだろうか。

人を動かす方法のふたつ目は、**「強制して動かす」**である。

これは前述の「恐怖で動かす」と近しいが、「恐怖で動かす」が気合や根性を重視し、それを引き出すことを基本に置いているのに対し、確固たる理論と自信のもと、毅然とした態度や威厳を持って強制的に自分に従わせるというやり方だと言える。

このタイプの監督をあげればなんといっても、弱小だったヤクルトを日本一に導き、誕生して日が浅く、やはり弱小だった西武が黄金時代を築く基礎をつくった広岡達朗《ひろおかたつろう》さんだろう。

広岡さんは、野球に対する知識が豊富で、探究心、向上心も旺盛だった。私が南海の監督だったとき、ヘッドコーチとして招聘したブレイザーに興味を持ったようで、「何を教えているんだ？」と会うたびに訊かれたものだ。メジャーリーグの視察も頻繁に行っていた。そうするなかから培われた野球理論は、一目も二目も置かれていたように思う。

一方で広岡さんは、上意下達を旨とする絶対的な指揮官だった。それはグラウンドの外まで及び、ヤクルト時代から選手に禁酒・禁煙を命じていたと聞くし、西武時代には玄米食を強要した。厳しく選手を管理し、支配するやり方は「海軍式野球」とか「管理野球」と言われた。

むろん、組織を統《す》べるためには、ある程度の管理は必要である。人はそれぞれ個性があり、考え方が違う。そういう人間をひとつに束ね、同じ方向を向かせるには、それなりのルールと秩序をつくり、従わせる必要がある。ましてや自己管理に不安がある若い選手が相手となれば、そうするのは当然だ。私もそうした。

ただ、**絶対的な指揮官というものは、とかく選手を自分がつくった鋳型に押し**

込めようとする。自分の規範にあてはまらない選手を認めようとせず、したがって反発する者も出てくる。

また、往々にして情に欠け、冷たい感じを抱かせるのも「強制して動かす」タイプの特徴だ。いくら正論を吐こうと、どれだけ実績があろうと、人はそれだけでは動かない。

人間は機械ではない。そこに愛情がなければ、「この人についていこう」「この人のためにがんばろう」とはなかなか思えるものではないのだ。そこが「強制して動かす」やり方の限界と言えるかもしれない。

子分に目をかける「親分」は、ときにはみ出し者を生む

人を動かす三つ目の方法は、**「情感で動かす」**である。

これは、言うなれば義理人情に篤く、選手をして「この人のためなら……」と思わせるタイプである。当然、人間的魅力や人望も持っていなくてはならない。「この人を男にしたい」と選手に思わせるという意味では、長嶋茂雄《ながしましげお》や王貞治《おうさだはる》もこのタイプにあてはまるかもしれないが、「情感で動かす」といえばやはり、戦後間もない一九四六年からじつに二十三年間にわたって（一年のブランクを含む）南海の指揮を執り続けた鶴岡さんをあげないわけにはいかない。

鶴岡さんは〝親分〟と呼ばれたように、〝一家〟をつくった。目をかけた〝子分〟をかわいがり、篤く遇した。食事や酒席にもよく連れて行った。選手もまた恭順を示し、親分を信奉した。広瀬叔功《ひろせよしのり》や穴吹義雄《あなぶきよしお》がその代表格で、杉浦忠《すぎうらただし》も一

家の一員と言ってよかった。

子分たちは鶴岡さんに心酔し切っていて、結束も強かった。日本シリーズで巨人に完敗した一九六五年に鶴岡さんが監督辞任を表明したときには、一家の番頭格の選手が音頭を取って、思いとどまるよう、鶴岡さんの自宅まで押しかけて説得しようとしたほどだった。

その反面、鶴岡さんは子分にならない人間、一家と距離を置いている人間には厳しく接した。その代表が私である。

どういうわけか私は鶴岡さんにかわいがられなかった。反抗した憶えはいっさいないし、私を抜擢したのは当の鶴岡さんだ。テスト生から這い上がって三冠王にまでなったのだから、本来なら「おれが育てた」と自慢してもいいはずなのに、むしろ疎まれた。杉浦には腫れ物に触るように接したのに、私に対してはほめることもなければ、ねぎらいの言葉をかけることもまったくなかった。のちに南海の監督を解任されることになったのも、たぶんに鶴岡さんの意向が働いていたと私は確信している。

しかし、だからといって、鶴岡さんは私を干すことはなかったし、好き嫌いで選手を起用することはなかった。公平な目で選手を評価した。その点では私は鶴岡さんを尊敬しているし、恨んでもいない。

ただ、当時まったく不満に思わなかったと言えば、やはり嘘になるだろう。正直、おもしろくないこともあった。

人を動かすには、情感が絶対に必要だ。だが、情のかけ方を誤ってしまうと、かえってマイナスの効果を招くこともある。特定の選手に情感が強く注がれれば注がれるほど、そこに入れてもらえない選手、はみ出してしまった選手は大きな不満を抱く。

「なぜ、おれは嫌われるんだ」

「おれを使ってくれないのは、監督がおれを快く思っていないからだ」

そうした感情を誰かが口に出してしまえば、当然、チームのムードや士気に影響する。

よいチームとそうでないチームを分けるもののひとつには、選手が不平不満を口にするかそうでないかということがあげられる。いったん誰かが不満を口にすれば、堰《せき》を切ったようにほかの人間も口にするようになる。派閥ができるようになる。そこからチームはかんたんに破綻してしまうのである。

監督としての私が、ずっと選手とのあいだに一線を引いてきたのは、ここに大きな理由がある。選手と連れ立って食事などに行けば、誘われなかった選手は必ず不満に思い、監督に対する信頼が薄れ、やる気をなくしかねないからである。

成果主義を採っても、「結果至上主義」を採ってはならない

人を動かす方法の四つ目は、**「報酬で動かす」**である。

これはいわば目の前ににんじんをぶら下げてハッパをかけ、発奮させる方法だ。

「結果を出せば、きちんと金銭やポストなどで応えますよ」

そういうやり方である。成果主義というのだろうか、歩合制や成績によってボーナスで差をつけるなど、近年は、大なり小なり多くの企業で採り入れていると思う。

もっとも、ある意味、プロ野球などのプロスポーツはその最たるものだろう。活躍すれば活躍しただけ来季の年俸に跳ね返ってくる。

私がプロ入りしたころは、一軍と二軍の待遇は段違いだった。とくに南海は顕著で、テスト生として入った私などは、前年まで物置として使われていた三畳間

で寮生活を送った。食事もごはんはお代わりし放題だが、おかずは大皿に盛られた漬物だけ。朝食でさえおかずが三皿も四皿もつく一軍とは大違いだった。

「贅沢をしたかったら、早く一軍に上がれ！」

つまりはそういうことである。**実際、「一軍に上がってもっといい生活がしたい」という願いは私のモチベーションになったし、一軍に上がったら、「もう二度と二軍には戻りたくない」と思ったものだ。**

最近のプロ野球選手は二軍であってもそこそこの給料をもらえ、甘やかされているから、ハングリー精神が薄れている。それが成長を妨げることも多く、たいがいの選手が「もっとがんばっておけばよかった」と現役を引退するときに後悔することになる。その意味ではもう少し報酬で煽ってもいいのではないかとも思う。少なくとも、契約金は後渡しにするべきではないか。

それはともかく、**「報酬で動かす」やり方で問題なのは、「結果さえ出せばいい」と誤った考えを植えつけかねないことだ。**結果至上主義につながりやすいのである。

あとでまた述べるつもりだが、**私は結果より「プロセス」を重視している。**なぜなら、よい結果とはきちんとしたプロセスを経るからこそ生まれるものであり、きちんとしたプロセスを経ないで生まれた結果は、それがどんなによかったとしても、偶然であるからだ。次はうまくいくとはかぎらない。というより、うまくいかないことのほうが多いはずだ。

ところが、結果至上主義は、成長にもっとも大切なプロセスを軽視させるおそれがあるばかりでなく、「結果さえ出せば何をしてもいい」と短絡させるおそれもある。「報酬で動かす」場合は、そこを決して忘れてはならない。

個性と特徴を理解し適所に配すれば、戦力を最大限に活かせる

選手の個性、特徴、性格などを理解し、把握したうえで、適材を適所に配し、動かしていくのが五つ目の**「理解して動かす」**だ。あくまでも自分の野球を押し通すのではなく、現有戦力を最大限に活用し、チームをつくりあげていくやり方と言える。**「納得させて動かす」方法と言ってもいいだろう。**

私のやり方は基本的にこれで、かつて西武を率いた森もそうだったと思う。

森と私はほぼ同時代のキャッチャーで、当時は軽んじられていたキャッチャーの役割を向上させようとたがいに競い合い、監督になってからも日本シリーズで火花を散らしたライバルであった。

ただし、森と私にはひとつ決定的な違いがあった。

巨人から南海にトレードされ、〝野村再生工場〟の嚆矢《こうし》となった山内新一《やまうちしんいち》がこ

う語ったことがある。

「森さんはできあがったピッチャーをリードするのはたしかにうまい。でも、ぼくらのようなヘボピッチャーはうまくリードしてくれんのです。野村さんはその逆で、箸にも棒にもかからないピッチャーをうまく投げさせてくれる」

昔、ある雑誌の対談で、藤田元司《ふじたもとし》さんが監督、王が助監督だったころの巨人投手陣のなかで、「誰の球を受けてみたいか？」と訊ねられたときも、森はこう答えた。

「やっぱり江川《えがわ》（卓《すぐる》）だな」

ちなみに私の答えは、江川と好対照の西本聖《にしもとたかし》。

「球威はそれほどでなくても、球種が多いからリードしていてもおもしろい」というのが理由だった。

われわれのこうした考え方の違いは、監督になってからの選手起用や育成にも表れていたのではないかと思う。

ひとことで言えば、森はある程度の戦力を与えてこそ輝く監督だった。力のある選手を巧みに動かし、強力無比なチームをつくりあげる能力は抜群だった。

対して私は、弱いチームを強くするのが生き甲斐だった。そうせざるを得ないという理由もあったが、私は選手各自の長所と短所を「理解」し、適所を与えて「納得」させ、動かすことを心がけた。

しかし、ひとつだけ付け加えさせてほしいのだが、だからといって、私のほうが監督として上だったと言うつもりはない。私が森と同じように広岡さんのあとを継いで西武の監督になったとしても、森のように常勝チームをつくれたかといえば、それはまた別の話だからである。

「自主的に動く」メンバーを育てることが、リーダーの究極の目標である

さて、ここまで、「恐怖」から「理解」まで、人を動かす方法として五つのやり方を述べてきた。

では、人を動かすもっともすぐれた方法とは、どんな方法なのか。

それは、**「自主的に動かす」**ことであろう。**これはリーダーとして究極の動かし方である。**

選手が監督の考え方を理解し、意向を正確に汲み取って、自分がすべき仕事、果たすべき役割を自主的にこなしてくれれば、それは理想である。そういうチームは強い。

すべての監督は、最終的にこの域を目指していると言っても過言ではないだろう。

ところが、現実はそう甘くはない。というのは、監督の意向と選手の要求は往々にして食い違うからである。

ひとことで言えば、監督がチームを第一に考えるのに対して、選手は自分自身を中心に考える。

「チームを第一に考え、チームのために何ができるのか、どのように役立てばいいのかということをつねに念頭に置き、実践してこそ、周囲の信頼を得られ、自分の評価も高まる。実際、成績も上がるのだ」

そのことを監督は選手たちに理解させ、最終的には全員が自主的にそのように動けるように導いていく。少なくとも、それを目指していく。

それが、チームのリーダーである監督の大きな仕事なのである。

その意味で、「自主的に動かす」というのは、人を動かす方法というよりリーダーの人材育成の最終目標のようなものかもしれない。

自分がチームにどういう形で貢献するのがベストなのか。どう動けば、チームを勝利させることに寄与できるのか。

いま、監督から求められているのは、どんなことなのか。

果たすべき役割を果たすために、日頃からどのような行動をとり、練習に取り組めばいいのか。

つねにそうした思考をもとに動く選手が集うチームは最強となるだろうし、結果として選手ひとりひとりも、持てる力を発揮することができるようになるはずだ。

「自主的に動く」選手を育成するために、どの監督も、これまで述べてきたような「人を動かす方法」のいずれかを基本にし、ほかのやり方もときと場合に応じて取り入れ組み合わせながら、選手の信頼を得、自ら考え自ら動くことができる選手を育てるための努力を続けているのである。

第三章

見抜き、気づかせよ。そうすれば人は育つ

教えすぎず、気づかせよ

人を育てること――これもリーダーの大きな仕事のひとつである。というより、最大にしてもっとも重要な仕事だと言ってもいいかもしれない。

自分で言うのはおこがましいが、人材育成においては、私はそれなりの実績を残してきたという自負がある。そこで、この章では人材の育て方について、私の経験を通して述べていきたいと思う。

これは野球界にかぎったことではないと思うのだが、最近は指導者が何でもかんでも教えすぎているような気がしてならない。グラウンドに行くと、コーチたちが競い合うようにして手取り足取り選手たちを教えている。それも、バッティング、ピッチング、守備走塁、バッテリー、ブルペン、トレーニング……などと専門が細かく分かれ（しかも、それぞれに複数のコーチがいて、なかには何をしているのかわからないような肩書きもある）、技術指導やチェックを行っている。

けれども、そういう光景を目にするたび、私は思うのだ。

「ほんとうに選手のためになるのだろうか……」

私がプロに入ったころは、コーチなんていないも同然だった。二軍は監督がいるだけだった。だから、**何でも自分で考え、試すしかなかった。**当時の代表的なホームランバッターは中西太さんと山内一弘さんだったので、ふたりのバッティングフォームを食い入るように見つめ、目に焼き付けては真似をした。その結果、私は山内さんの打ち方が自分には合っていると思い、手本にして、そこに自分なりのアレンジを施した。それが私のバッティングの基本形となった。

誰にも教わらず、すべて自分で考え、試行錯誤を繰り返したので、時間はかかった。しかし、そのぶんしっかり血肉化したし、なにより自分の頭を使って考えては実践することが習慣となった。そして、それが私の野球観をかたちづくった。

もし、「中西さんのスイングがいいから」とコーチに言われ、それを何の疑問もなく受け入れていれば、もしかしたらいまの私はなかったかもしれない。監督やコーチをあてにすることなく、自分自身で何かしら感じ、「どうしたら打てるようになるのか、こうすればいいのではないか」と、創意工夫と試行錯誤を繰り返しながら正解を見つけようとしたからこそ、私はまがりなりにも一流と呼ばれる選手になることができたのだ。

私がコーチの教えすぎを危惧する理由は、そこにある。

「最初から答えを提示し、懇切丁寧に教えてしまえば、選手自身が自ら感じ、考える機会を奪ってしまうではないか」

そう思わざるを得ないのだ。

「人間の最大の悪とは何か。それは鈍感である」

と、私はよく言う。一流になる人間は、例外なく「感じる力」にすぐれている。凡人なら見逃してしまうような小さな変化、差異に気づくからこそ、人より秀でることができる。「感動」とは「感じて動く」と書くように、感じることが行動を生み出すのだ。

ところが、教えられることに慣れてしまうと、「教えてくれるのが当然」と考えるようになり、感じる力は確実に鈍くなる。感じる力が鈍れば、自ら考え、能動的に行動することもなくなる。依頼心は感性と思考能力を著しく衰えさせる。当然、進歩も止まってしまうのだ。

だから、監督時代はコーチたちに言い続けた。

「教えたいという、きみたちの気持ちはわかる。だが、まずは選手にやらせてみなさい」

人間は失敗してはじめて、自分の間違いや至らなさに気づく。自分で気づく前に教えられても、必要だとは思っていないから真剣に聞く耳を持たない。

たとえ自分では聞いているつもりでいても、必要に迫られなければ頭に残らないというのは、学校時代の勉強を思い出せば容易にわかるはずだ。失敗してこそ、「それまでの自分のやり方は間違っていたのではないか」と考え、進んでアドバイスを聞こうという前向きな姿勢が整うのである。

「馬を水辺に連れて行くことはできても、水を飲ませることはできない」

ということわざがあるように、**本人に「なんとかしたい」という意識が芽生えないかぎり、周りがいくら教えても身につくものではないのである。**

とすれば、指導者が第一にするべきことは何か――選手自らが「気づく」ように仕向けることである。

だからこそ、つねづね、私は口にしてきたのだ。

「監督業とは〝気づかせ屋〟である」と――。

「教えるべきとき」に、体験をアレンジし、シンプルに伝えよ

いま述べたように、私がプロ入りしたころはコーチなんていないも同然だった。なにしろ、私はボールの握り方さえ知らなかったのである。

プロに入って間もないころ、堀井数男《ほりいかずお》さんという一軍の外野手からキャッチボールの相手を頼まれた。ところが、私が投げるとボールが変化する。「ちゃんとまっすぐ投げろ」と怒られ、もう一度投げたが、緊張のあまり、よけい変化してしまった。それで堀井さんに訊かれた。

「おまえ、ボールをどんなふうに握っているんだ?」

私が握ってみせると、「バカ野郎、プロのくせにボールの握り方も知らんのか!」と呆れられた。ふつうはフォーシームといって、縫い目に指を四ヵ所かけて投げるのだが、そんなことは誰も教えてくれなかったから、私は知らなかった

のだ。

そんなだから、教えられることに飢えていた。だから、二年目の秋季練習のときに、「練習が終わったらミットを持って外野に来い」と二軍監督に言われ、「構えはこうだ、足の運びはこうだ、ボールはこうやって受けるんだ」とはじめて教えてもらったときは、ほんとうにワクワクしたし、すべてを吸収しようとしたものだ。そのときのことはいまでも憶えている。

「教えるべきとき」というのは、確実にある。それは、選手が自分の間違いに気づき、選手に監督やコーチのアドバイスを真剣に聞く態勢が整ったときなのである。このタイミングを指導者は絶対に逃してはいけない。このときの選手は、かつての私のように向上心や知識欲が最高潮に高まっているときであり、それゆえ教えられたことをスポンジが水を吸い込むがごとく吸収するからだ。

その際には、より具体的、実践的アドバイスをするべきであり、そのためには自分自身の体験を伝えるのが望ましい。ただし、自分の体験をそのまま語り、「だからおれがやった通りにやれ」と命じてしまっては反発を招きかねず、せっかくのアドバイスも逆効果になるおそれがある。

というのは、昔話や自慢話を延々と聞かされることほど、退屈に感じることはないからだ。たとえそれが大いに参考になるものであっても、体験談を聞かされるだけでは、「あなたのころはそれでよかったかもしれないけれど、いまは時代が違うよ」と相手は感じてしまう。私自身、若いころはそうだったから、よくわかるのだ。

だから私は、次のふたつを禁句にしていた。
「最近の若い奴は……」「昔はこうだった」

ついそう言いたくなるが、時代と年齢には人は勝てない。とすれば、指導のやり方も時代の変化と照らし合わせて変えていかなければならないのだ。

そのことを私は、少年野球の指導に携わっていたときに痛感した。そこでは、より簡潔でわかりやすい言葉を使うことだけでなく、いまの子どもたちにも通じる内容、話し方を工夫しなければならなかった。

そのために大切だと感じたのが、アレンジ力である。**自分の体験をただそのまま語るのではなく、そのなかにある普遍的なエッセンスを抽出し、できるかぎり現代に通用するようアレンジする**わけだ。そうすれば、同じ内容であっても、受け取る側には違って聞こえるはずなのだ。

もうひとつ、**やるべきことをシンプルに提示してやる**ことも大切である。

たとえば、足の速い飯田《いいだ》哲也《てつや》や赤星憲広《あかほしのりひろ》、聖澤《ひじりさわ》諒《りょう》といった選手に最初に言ったのは、**「とにかく出塁率を高めろ。そのためには打球を転がせ」**ということだけだった。彼らの足を活かすためだ。

あれこれ望んでも、相手は混乱するだけ。消化不良を起こしてしまい、結局はすべて中途半端になりかねない。**それよりも、果たすべきことをシンプルに提示し、それさえ守っていれば多少の失敗には目をつぶった。**

そうしているうちに、選手には自信が生まれ、意欲も生まれる。自分に足りないところを伸ばすにはどうしたらいいか、考えるようになるものなのである。

具体的な動機づけが創意工夫を引き出す

どんな指導者であっても、自分の体験がベースになる。しかし、自分のやり方を押しつけてはいけないのは、いま述べた通りである。あくまでも、ヒントを与えるに留め、最後の判断は本人に委ねるべきだと私は思う。

なぜなら、**言われたことを言われた通りに行うだけでは、それ以上の進歩は望めない**からだ。選手自身がアドバイスをもとにして自ら創意工夫しようとしないかぎり、教えられたこと以上の仕事はできないのである。

言い換えれば、**ただ気づかせるだけでなく、さらに一歩進んで、選手自ら「なんとかしよう」という能動的な気持ちを引き出すことが、指導者の最大の役割であり、責任なのである。**英語で「教育」を意味する「education」の語源は「連れ出す、外に引き出す」であると聞いたことがあるが、まさしくその通りなのだ。

では、そのためには具体的に何をすればいいのか。

「目標を明確にさせること」

もっとも大切なのはそれだと私は考えている。なぜなら、私自身がそうだったからだ。

私がプロ野球選手になろうと考えたのは、大金を稼いで貧乏から抜け出し、女手ひとつで私を育ててくれた母と、大学進学をあきらめて就職し、私を高校に行かせてくれた兄に恩返しをしたかったからだ。そのためにはたんにプロ選手になるだけでなく、一軍に上がり、かつレギュラーにならなければならなかった。

そういう明確な目標があったからこそ、私は人に負けないだけの練習をすることができたし、多少の困難や壁に直面してもあきらめることなく、試行錯誤と創意工夫を重ねることができた。というより、とりたてて才能に恵まれていなかった私は、そうせざるをえなかった。

目標とは、言い換えれば「動機づけ」である。流行の言葉で言えばモチベーションだ。これが弱いと、どれだけ高い能力を持っていようと、いくら強い克己心を持っていようと、そうそう努力し続けられるものではない。人間は、必要なこと以外はしようとしない怠惰な生き物だからである。

むろん、物があふれたこの時代、つまりはぜいたくを望まなければ誰もが飢えと寒さを経験しなくてもすむいまの世の中において、私が抱いていたようなハングリー精神を持てと言っても無理だろう。**だからこそ、「自分は何のために仕事をしているのか。将来、どうなりたいのか」という目標、ライバル、イメージをはっきりさせることが非常に大切になるのだ。**

私は選手たちにいつもこう問いかけたものである。

「どんなピッチャー（バッター）になりたいんだ？」

「何勝したいんだ（何割打ちたいんだ）？」

「年俸はいくらほしいんだ？」

そうして具体的な答えを引き出したうえで、さらにこう訊ねたのである。

「だったら、何が必要なんだ？　何をすればいいと思うんだ？」

と。

もっとも大切なのは愛情である

人を育て、活かすためには、その人間の長所は何か、足りないものは何かを見抜くことが大切だ。そのためにはどうすればいいのか。

「観察すること」

私はそう考える。いっさいの固定観念や先入観を排し、その人間をよく観察すれば、長所や短所、適性がわかるはずであり、活かし方もおのずと見えてくるものなのだ。

それでもこう言う人がいるかもしれない。

「私はよく観察しているつもりです。それでも、その部下のことがわからないのです」

そう言う人には、逆に私は訊き返したい。

「あなたはほんとうにその部下のことを知りたいと思っていますか？」

その人間のことをもっと知りたいと思えば、どんな些細なことも見逃さず、観察しようとするだろう。相手に「この人についていこう」と思わせるためには、自ら心を開かなければならない。そして、そのためには相手を好きになることが必要だ。


それと同じである。**よく観察するために必要なのは「愛情」なのだ。**

「この人間をなんとかして一人前にしてやりたい」

「成長させてやりたい」

そう強く願えば、意識しなくてもその人間をよく観察するようになるはずなのである。**「部下のことがわからない」のは、私に言わせれば愛情が足りないのだ。**


これは、育成のみならず、再生においても同様である。

せっかく潜在能力がありながら、それを顕在化させることなく若くして自由契約に追い込まれたり、まだまだ力と可能性が残っているにもかかわらず、年齢という理由だけで引退を余儀なくされたりした選手を、これまで私は何人も見てきた。そのたびに、残念に思うと同時に、監督やコーチに対して憤りを感じたものだ。

「どうしてこの選手のよさに気づいてやれないのか、ここを変えてやるだけで、ずっとよくなるのに……」

だから私は、他球団が見限った選手、お払い箱になった選手を獲得してきては再生させてきた。それでいつしか〝野村再生工場〟の異名を頂戴するようになったわけだが、私が再生に力を入れたのには――もちろん、それがチームの勝利のために必要だったからでもあるが――それ以上に「少しでも可能性が残っているなら、なんとか手を差し伸べてやりたい」と考えたことが大きい。

選手の持っている力を最大限引き出してやれないのは、指導者の怠慢にほかならない。私に言わせれば、指導者失格である。

選手の隠れた才能や長所を見抜き、引き出し、活かす方法を見つけるのは、指導者の責任であり、使命なのだ。そして、そのためには「この選手をなんとかしてやりたい」という愛情が必要不可欠なのである。

耳に痛い言葉こそ真剣に伝えよ

「愛情が大切だ」と私が言うと、短絡してこう考える監督やコーチがいる。

「本人の好きなようにやらせてやればいいのだな」

「伸び伸びと自由にさせればいいのだな」

断っておくが、それは断じて愛情ではない。一見、選手のためを思っているようで、じつは自分の保身しか考えていないに等しい。厳しくして、選手に嫌われたり、そっぽを向かれたりするのを恐れているだけなのだ。

親であれば、自分の子どもがいけないことをしたときには無条件で叱るはずである。それが親の愛情というものだろう。私は、選手たちを「自分の子ども」だと思っていた。だから、言いにくいこと、聞くほうにとっては耳が痛いことであっても、必要とあらばあえて口にした。というより、口にせざるをえなかった。

選手兼任監督を務めていた当時の南海には、私が〝三悪人〟と呼んだ、とりわけ個性の強い三人の選手がいた。江本孟紀《えもとたけのり》、門田博光《かどたひろみつ》、江夏豊《えなつゆたか》である。

この三人は、ことごとく私に反抗した。**中心選手の言動は、チーム全体を左右する。彼らが間違った方向に進もうとしているときは、直さなければならないことがあるときは、監督はあえてそれを指摘しなければならない。**それが結局は本人のためにもなるのであり、そうしてこそほんとうの愛情なのだ。

江本は当時、飛び抜けて髪が長かった。それを不潔だと感じていたファンは決して少なくなかった。プロである以上、ファンが嫌がることをしていいわけがない。そこで「髪を切れ」と命じたが、「野球と髪の毛、どこが関係あるんだ」と言って聞かない。最後には評論家の草柳大蔵《くさやなぎだいぞう》氏に「髪の毛には人間の心理を表す」こと、さらに長髪の元祖はレオナルド・ダ・ヴィンチで、「モナリザ」を描くにあたって一所懸命女性になろうと努力した結果なのだと教えてもらい、なんとか切らせることに成功した。

門田の場合は、全打席ホームランを狙っていた。言い換えれば、自分中心で野球をやっているということだ。それで「おまえは間違っている。ヒットの延長がホームランであるべきなんだ」と諭したのだが、門田は「監督だってバッターボックスに入れば絶対にホームランを狙っているはずだ」と反発する。そこで私は、巨人とのオープン戦の際、王を呼んで門田も交えて話をした。

「ワンちゃん、バッターボックスで全打席ホームランを狙っている?」

「まさか、狙っていませんよ。ノムさんは狙っているの?」

「いや、狙っていない。でも、そう言ってもこいつは信じないんだよ」

するとと王が門田に言った。

「自分の能力、持っているものを出し切って結果は神に委ねる。それがホームランになったり、ヒットになったり、凡打になったりする。バッティングとはそういうものだよ」

世界のホームラン王がそう言っているのだから、いくら門田でも納得しただろうと思ったが、ところがそうはならなかった。

「監督はずるい。王さんと口裏を合わせている」

そう言うのである。

「こいつには何を言ってもムダだ」と、まだ若かった私はあきらめかけたが、最後に思い直した。

「門田は天《あま》の邪鬼《じゃく》で、『振り回すな』と言うから振り回すのだ。ならば、逆を言えばいいのではないか」

そこで「どうした、もっと振り回さんかい」と言うと、案の定、バットをコンパクトに振ってヒットを狙いにいったのだ。

江本と門田のふたり以上に難儀したのが江夏だった。江夏は阪神時代に一時代を築いた名左腕だったが、それゆえ甘やかされ、わがまま放題。その結果、「扱いにくい選手」のレッテルを貼られてしまった。それでなかば阪神を追われるようなかたちで南海にトレードされてきたのだが、彼の態度はいっこうにあらたまっていなかった。私は思った。

「江夏の性根を入れ替えさせなければ、チームにとっても本人にとってもためにならない」

そんなとき、二死満塁の場面で、コントロールに定評がある江夏がとんでもない高いボールを投げ、押し出しで負けたことがあった。

「もしや？」

私は思った。江夏はかつて〝黒い霧事件〟という八百長事件が起こったとき、名前があがったことがある。そこで試合後、私は江夏を問いつめた。

「おまえ、まさか八百長しとらんだろうな」

あまりに真剣な私の物言いに、最初は笑ってとりあわなかった江夏も真顔になり、「絶対にやっていない。信じてくれ」と抗弁した。

「よし、わかった」

ひとまずそう言って、私は続けた。

「だがな、おまえが妙なピッチングをすれば、怪しいと思う人がいる。おまえがいくら『やってない』と口で言っても信じてもらえない。失われた信用は、マウンドで、取り返すしかないんだぞ」

しばらく黙っていた江夏は、最後にポツリと言った。

「そんなことを面と向かってはっきり言ってくれたのは、監督がはじめてだよ」

以来、江夏の態度は明らかに変わった。

たとえ耳に痛い言葉を、厳しい言葉をかけられたとしても、それがほんとうに自分のことを思ってのことだと感じられれば、そのときは腹が立っても、いずれありがたいと思い、感謝するはずである。必要なときには断固とした態度できちんと叱ることができてこそ、真のリーダーと言えるのだ。

何日か経って江夏は言った。「あんな言いにくいことをはっきり言うということは、この人は信用できるなと思った」と。

人は叱ってこそ育つ

最近のプロ野球の監督やコーチを見ていて、どうしても気になることがある。

「あまりに選手をほめすぎてはいないか？」ということである。

プロ野球の世界にかぎらず、近年は「ほめて伸ばす」という指導法が主流になっている。私にはこれが疑問なのである。

「人は叱ってこそ育つ」

私はそう信じている。

「古くさい」

そうおっしゃるかもしれない。

「昔ならともかく、いまの若者には通用しない」

そう思われる方も多いだろう。

たしかに、核家族化が進み、精神的にも物質的にも何不自由なく育ってきたいまの若者は、まずはほめ、伸び伸び気分よく仕事をさせたほうがよい結果を生むのだろう。ほめるのが照れくさくて苦手だった私も、孫と言えるほど年齢の離れた選手たちと接することが多くなった東北楽天時代は、ずいぶんほめるようになった。ぼやいたとしても、最後にひとことほめることも多かった。

けれども、これだけは断言できる。

「ほめるだけでは、人は絶対に成長しない」

これは私の経験からいって間違いない。実際、私はそうやって選手を育ててきたのである。

叱って育てることを私が指導の基本方針に置いていたのは、「なにくそ、見返してやる！」というふうに、叱られた悔しさをバネに変えることを期待したからだった。より高く跳ぶには膝をかがめて反動をつけることが必要であるように、叱ることで選手の身体を押さえつけ、より強い反動をつけさせようとしたわけである。

これは私自身の体験でもあった。選手時代に長らく仕えた鶴岡監督は、めったに自軍の選手をほめなかった。代わりに中西さんや稲尾《いなお》和久《かずひさ》らライバルチームの選手を「あれがプロじゃ」とほめ、「それに較べておまえは……」と、私をこきおろした。悔しかった。だが、私はそれを期待の裏返しだと考え、「絶対に見返してやる」と発奮に変えた。それが私を成長させたのだと思う。

もうひとつ、叱ることを基本にしていたのには、そうすることで「気づかせる」という狙いがあった。

人は叱られることで「なぜ叱られたか、何がいけなかったのか」と自問自答する。そして、「ならば、どうすればいいのだろう」と改善策を見つけようとする。その過程が成長を促すのだ。**叱られたからこそ、反省し、「もっとよくなろう」と考えるのである。**

だいたい、ほめられてばかりいれば、誰が反省などするものか。人間は自己愛で生きている。誰しも自分がかわいいから、ほめられたり、やさしく言葉をかけられたりすると、つい甘えてしまい、低いレベルで満足してしまう。それではそれ以上の成長は望めないに決まっているのである。

シンクロナイズドスイミング日本代表のヘッドコーチとして、いくつものメダルをもたらした井村雅代《いむらまさよ》さんとあるシンポジウムで同席したことがあった。井村さんもまた、叱ることを指導の基本にしているそうで、その理由をこう語っていた。

「人間は自分のことを安く見積もることが多くて、ここが精一杯だと自分で限界をつくってしまう。でも、私から見ると、その子の限界はもっと上にある。だから、もっとがんばらそうと思ったら、やさしい言葉をかけるのではなく、強い口調で言わないと動かせません」

選手たちは脈拍が上がって息切れすると、そこで「自分はがんばっている」と思ってしまい、井村さんに向かって「もう限界です」という顔をするという。しかし、井村さんによれば「それはたんに肉体に負担をかけているだけであって、がんばるというのは別」であり、こういう場面ではやさしい言葉をかけても逆効果だという。そんなときは、あえて突き放すほうが選手は動くとおっしゃっていたが、私もその通りだと思う。

現実に、日本代表コーチを退任した井村さんがその後指導するようになった中国は、北京オリンピックで銅メダル、ロンドンでは銀メダルを獲得した。そのことを顧みても、ときに厳しく叱ることの大切さは明らかであろう。

ただし、ひとつだけ私の考えを付け加えれば、「叱る」と「怒る」を絶対に混同しないということである。

そもそも、なぜ叱るのか――期待しているからだろう。

私のトレードマークとなった「ぼやき」も「叱る」の一種と言えるが、「この選手はもっとできるはずなのに、そのレベルまで達していない」と感じたから叱るのであり、ぼやくのである。失敗を次につなげ、成長を促すことが目的なのだ。叱るのには、体力も気力もいる。期待していないのなら、あえて叱る必要などない。放っておけばよい。その意味で、「叱る」は愛情の裏返しであり、私に言わせれば「ほめる」と同義語なのである。

対して、「怒る」はたんなる自分の感情の発露である。しかも、たいがいの場合、「こいつがちゃんとやってくれないと、自分が困る」から怒っている。つまり、その目的は、結果の責任を本人に押しつけ、自分の保身をはかることなのだ。ひどい場合は、たんにストレス発散や自己満足のために怒る者もいる。そこに愛情はない。

「怒る」を「叱る」とはき違えている指導者は多い。

しかし、愛情から「叱って」いるのか、それとも保身やいっときの感情から「怒って」いるのか、相手は即座に見抜くものだ。「怒られた」と感じれば反発するのも当然であろう。言われた本人が真剣に受け止め、それが「もっとよくなろう、期待に応えよう」という気持ちにつながらなければ「叱る」意味がないことを、指導者は肝に銘じるべきだろう。

結果だけで叱らず、「準備したうえでの失敗」はむしろほめよ

人を育てるためには「叱る」ことが大切だと先に述べた。しかし、やみくもに叱り飛ばせばいいというわけでは、もちろんない。

注意すべき点は多々あるが、なかでも非常に重要なのが、**「結果論で叱らない」**ということだ。

不景気で世の中全体に余裕がなくなったからか、あるいは成果主義を導入する企業が増えたからなのか、最近は「結果がすべて」という考え方が絶対的になりつつあるように思える。

むろん、プロとして労働の対価に金銭を受け取っている以上、結果が問われるのは当然であるし、プロ野球の世界は、まさしく「成果主義」の世界であろう。

結果が出れば給料はうなぎ上りに上がるが、出なければ待っているのはクビであ

る。

けれども、そんな世界で生きてきた私だからこそ、あえて言う。

「結果よりプロセスを重視せよ」

たとえば、三振した、ホームランを打たれたという結果だけを取り上げて叱ったとする。そのとき、選手はどう考えるか。

「怒られないよう、次は三振だけはしないようにしよう（ホームランだけは打たれないようにしよう）」

その結果、小手先だけのバッティングに走ったり、外角一辺倒の逃げのピッチングをしたりするようになる。監督の顔色ばかりうかがうようになるのである。

それでは、選手の長所すら失わせかねず、逆効果しか生まないだろう。

指導者が見るべきもの、問うべきものは、結果にいたるプロセスなのである。

人間がすることだから、必ず成功することはありえない。野球のように、相手がいればなおさらだ。したがって、きちんとしたプロセスを踏んだうえでの失敗であれば、絶対に叱ってはいけない。むしろ、ほめてやるべきだ。

では、正しいプロセスとは何か。

「どれだけ準備したか」

これに尽きる。

しっかり準備したうえでの失敗は、必ず次につながる。そのとき指導者がすべきことは、怒ることでは決してなく、本人が失敗した原因に気づくようフォローし、修正や改善のための道筋をつけてやることである。

逆に、きちんとしたプロセスを経ないで生まれた結果は、たとえそれがいいものであろうと、きちんと叱らなければならない。野球でいえば、ピンチの場面で初球から真ん中にストレートを投じたり、バッターボックスで何も考えずに来た球に漠然と手を出したりした場合である。**「結果的に抑えたから」「ヒットになったから」という理由で、そういうミスを見逃してしまっては、次にまた同じことを繰り返すに決まっている。**

失敗を恐れては成長しない。失敗したら、反省し、原因を究明して、同じことを繰り返さないよう対策を練ればいいだけの話である。それが「成長する」という意味なのだ。だからこそ、私はしばしば口にするのである。

「失敗と書いてせいちょう（成長）と読む」

と。

短所は長所を消してしまう

「ほめる」ことが奨励されることと関係しているのだろう、最近の指導者がよく口にする言葉にこういうものがある。

「長所を伸ばすには短所を捨てろ」

「まずは長所を伸ばせ。短所は忘れろ」という意味である。これも私には理解できない。大嫌いだ。

「短所に目をつぶり、長所をひっぱりあげてやれば、それにつれてほかの部分も上がっていく」

彼らはそう主張する。しかし、私は思うのだ。

「自分の短所や弱点を知らずして、どうやって進歩しようというのか」

現役時代にお世話になっていた整形外科の医師によれば、「バットを振る腕の力は、弱い腕のほうの力しか出ず、強い腕は殺されてしまう」そうだ。それと同じことである。長所が短所をカバーするどころか、短所は長所を消し去ってしまうのだ。

デビュー当時の私は、カーブがまったく打てなかった。それが言うなれば私の短所だった。

「カーブが打てないノ・ム・ラ」

とスタンドから盛大に野次られた。ストレートを打つのはめっぽう得意だったのだが、いくらストレートを打つ技術、すなわち長所を伸ばしても、それでカーブが打てるようになるわけではない。いくら長所を伸ばしたところで、**短所は依然として残ったままなのだ。**

すると、こういう反論があるかもしれない。

「長所を伸ばすことで、自ら短所を克服しようという意欲が生まれる」

私は短所を克服しようという意欲は誰にも負けなかった。人の二倍も三倍もバットを振った。それでもカーブが打てるようにはならなかったのだ。それどころか、カーブが打てないという短所のために、ストレートに強いという私の長所も消えてしまいかねなかった。相手バッテリーがストレートで勝負してくれなくなったからだ。

あえて過去の私を例に挙げたが、つまり、カーブを打てないという短所を克服しないかぎり、ストレートに強いという長所も活きることはないのである。短所や欠点を克服しなければ、長所も宝の持ち腐れになってしまうのだ。

そもそも、長所とは得意なことなのだから、人から言われなくても、あるいは自分で意識しなくても、自然にできてしまうし、放っておいても自分からもっと伸ばそうとする。

しかし、短所や弱点はそうではない。意識して矯正しなければならない。

だからこそ指導者には、まず短所を克服することの大切さを理解させ、そのためのヒントを与えてやることが求められるのである。

ほめるときは、本人の自己評価より少し上の評価をせよ

叱ることを基本にしている私であるが、いや、しているからこそ、ほめることの大切さも深く理解しているつもりである。

「やってみせ　いって聞かせて　させてみて　ほめてやらねば　人は動かじ」

かの山本《やまもと》五十六《いそろく》連合艦隊司令長官はそう語ったが、叱るばかりでなく、ときにはほめてやらなければ、「この人についていこう」とはなかなか思えるものではない。であるから、私自身、ほめるのは照れくさくて苦手なのだが、それなりに気は遣ってきた。

「ほめるときは、ひたすらおだてあげればいい」

そう考えている指導者は意外に多い。しかし、ほめることはじつは非常に難しい行為であると私は思っている。というのは、**ほめることは、ほめる側の能力を**

さらけ出すことにもなるからだ。

たとえば、どう見ても並程度の選手に対し、やる気を出させるつもりでこうほめたとしよう。

「きみは十年にひとりの選手だ。まさしくチームの宝だよ」

言われた選手は感じるのではないか。

「冗談でしょ。それともイヤミなのかな……」

そう、下手にほめると、「バカにするな」とかえって反発を招くだけでなく、「この程度でほめるなんて、人を見る目がないな」と自分の評価を落とすことにもなりかねない。「ほめる」とは、歯の浮くようなおべんちゃらを言うことではないのだ。

私がもっとも効果的なほめ方だと思って実践していたのは、こういうほめ方だった。

「本人の自己評価より少し上の評価をする」

そうすれば、「そうか、監督は自分をそんなに評価してくれていたのか」と自尊心がくすぐられ、うれしいだけでなく、自信にもなる。「評価に値するよう、もっとがんばろう」という意欲も喚起されるはずだ。「よく見てくれているな」と指導者に対する信頼も増すに違いない。

また、**できるだけさりげなく、短い言葉でほめるのが望ましい。**たとえば、プレゼントをもらうとき、これみよがしに渡されるより、予期しないときにさりげなく渡されたほうが、よりうれしく、印象も深くなるものだ。それと一緒で、やたら言葉を尽くしてほめてしまっては価値が下がる。

「よくなったな」

ときには、そのひとことで充分だと私は思う。

むしろ気をつけるべきは「タイミング」である。

困っていないときに親切にされても、それほどありがたみは感じない。それどころか、わずらわしく感じることさえあるだろう。だが、困っているときに受けた親切は、心にしみるし、いつまでも残るに違いない。

それと同様に、のべつほめられていては、ほめられることに何も感じなくなり、ほめられることの価値が下がってしまうのである。それどころか天狗にさせかねない。**しかし、本人が必要なときに、すかさずほめられれば、喜びは倍増するは**

ずだ。

選手にとっていちばんつらいのは、叱られることでも非難されることでもない。無視されることなのだ。だから、タイミングを見計らい、さりげなく簡潔にほめさえすれば、「ちゃんとおまえを見ているぞ」という意思は伝わるし、心にも残り、信頼関係も深まるのである。

「変わることは進歩である」と気づかせよ

私はかつて、選手たちを四つのタイプに分けていた。

第一のタイプは、「天性だけに頼っている選手」。すなわち、生まれ持った才能だけで勝負しようとする選手のことである。子どものころから卓越した力を評価され、つねに陽の当たる道を歩いてきた選手に多いタイプと言える。

二番目は「自己を限定して生きている選手」。「自分はこんなものだ」とか「この程度できればいい」と考えるタイプで、プロ野球選手になったことで満足してしまう選手のこと。

三番目は「意気込みだけはある選手」で、とにかく元気で、気合いさえあればなんとかなると信じているような選手のことを指す。プロ野球でもっとも多いのがこのタイプである。

最後は「らしく生きる選手」。要は人間らしく生きている選手、プロらしく生きている選手のことである。このタイプの選手は常識や節度を大切にし、つねに努力と創意工夫を怠らない。

理想はもちろん、「らしく生きる選手」なのだが、このタイプは残念ながらじつに少なかった。ほとんどの選手がそれ以外のタイプのどれかにあてはまるか、もしくはふたつの要素を併せ持っていた。

たとえば、ヤクルト打線の主軸を担った池山隆寛《たかひろ》と広沢克己《ひろさわかつみ》は、「天性」と「意気込み」だけで勝負しようとする選手だった。それが私には非常にもったいなく思えた。

「あれだけの天性があるのだから、〝らしく生きる〟ことを目指せば、本人にとってもチームにとってもいい結果を生むはずなのに……」

バッターとしてのふたりの才能には、並の選手が逆立ちしてもかなわないものがあった。にもかかわらず、彼らはそれを最大限に使っていなかった。

その最大の理由は、「変わる気がない」ことにあると私には思えた。

「ずっとこれでやってきたから、このままでやっていく」

なまじ才能に恵まれ、それなりの実績を残してきたからだろう、そのように考えているようだった。

長年選手を見てきて感じるのは、**いまひとつ伸び悩んでいる人間は、たいてい「変わろう」とする意欲に欠ける**ということだ。もしくは、変わるのを、変えるのを怖がる。とことんダメなら思い切って変わろうとするのだろうが、なまじそこそこの結果が出ているので、変わる必要を認めないか、「変えたらかえって悪くなるのではないか」と思ってしまうのだ。

しかし、私から見ると、その選手は期待より低い結果しか出していないのである。とすれば、いまのままではいいわけがないのだ。変わるべき、変わろうとするべきなのである。

その点、貪欲だったのが古田《ふるた》敦也《あつや》だった。彼もまた、池山や広澤ほどではないにしろ、天性と意気込みで生きてきたタイプだったが、同時に器用さと柔軟性も併せ持っていて、変わることを厭わなかった。よいと思ったことは何でも試してみて、うまくいけば素直に取り入れた。

自信家だったので、かつてはミーティングに紙切れ一枚持ってくるだけでろくにメモをとらなかったが、いつからかしっかりとノートをとるようになったし、とくに三十歳を過ぎてからは、ずいぶんと「らしく生きる」ようになっていた。変わることを怖がらず、むしろ積極的だったことが、古田を球界を代表する選手にし、「らしく」生きられる選手に変えたのである。

一方、**周囲からはもはや限界だとみなされていた選手が、変わることで劇的に甦《よみがえ》るケースもある。**その代表が山崎武司《やまさきたけし》だろう。

中日ドラゴンズ時代の一九九六年にはホームラン王に輝いた山﨑だが、その後移籍したオリックスから戦力外通告を受け、誕生したばかりの東北楽天にやってきたときはすでに三十六歳になっていた。その年、四番に座り、チーム最多の二十五本塁打を放ったとはいえ、誰もがそれ以上の活躍は望めないと考えていたはずだ。ところが、二〇〇七年には自己最高の四十三本塁打、一〇八打点をマーク、二冠を獲得したのである。

山﨑が大復活を遂げられたのも、変わったことが大きい。それまでの山﨑は、池山や広沢同様、天性と意気込みに頼ったバッティングをしていた。しかし、

「もう少し頭を使ってみたらどうだ?」という私のアドバイスを素直に受け入れ、データを活用して配球を読むようになった。ベンチでは私のそばに座り、私のぼやきや指示に耳を傾けた。不惑を目前にして変わる勇気を持ったことが、山﨑に二冠を与えたと言っても過言ではないのだ。

なかなか変わる意志を持たなかった池山と広澤も、あるとき気がついたのだろう、大きく変わった。池山はトレードマークの「ブンブン丸」を封印し、コンパクトなスイングを心がけるようになったし、やはり大振りをしてホームランを打つ代わりに三振の山も築いていた広澤も、自分が目立つことより、チームが勝つことに喜びを見出すようになった。

「おまえ、最近よくなったな」

久しぶりに会った人に言われることがある。現役時代、長らく私はその意味がわからなかったのだが、あるとき気がついた。

「そうか、要は〝変わった〟ということなんだな」

「よくなった」とは、裏を返せば「変わった」ということなのだ。「変わること＝進歩」なのである。

このことからも、部下が期待より低い結果しか出せないときには、「いまのやり方、考え方ではダメだ。変わる勇気を持て」と言い続けることが大切だと私は思う。

おのれを知り、徹することを教えよ

「らしく生きる」とは、言葉を換えれば、「徹する」ということになるだろう。自分の果たすべき役割と責任をきちんと把握し、すべきことをまっとうする。それが徹することであり、プロフェッショナルということだと私は考えている。

私が南海の監督だったとき、大塚徹《おおつかとおる》という選手がいた。サンケイアトムズを解雇になったのを、右の代打要員として獲得した選手だったが、選球眼がよかったのでフォアボールを選ぶのが上手だったくらいで、正直、選手としてはたいした戦力にはならなかった。しかし、彼は別のところでチームに貢献してくれた。ムードメーカーとしての才能が抜群だったのである。すばらしい野次を飛ばすのだ。

ある試合で、相手ピッチャーに完璧に抑えられていた。むろん、監督である私も出場していた。そこで大塚がベンチの選手たちに向かって言った。

「四番を打っている高給取りの監督でも打てないんだから、おまえらがシュンとすることはないよ」
そうやってベンチのムードを盛り上げてくれたものだった。シーズンオフにはいつも整理の対象となったのだが、「ムードメーカーとして貴重な戦力なんだから」と言って私はクビにしないように頼み込み、それなりの年俸も払ってもらうようにした。

「最近の人は光ばかり求めて影がない」
中曽根康弘《なかそねやすひろ》元総理大臣がかつてそう話していたが、いまはみんなが主役になりたがる。功を焦って、「おれが、おれが」という人が多い。バッターは全員、どんな場面であっても四番のバッティングをしたがるし、ピッチャーはみなが三振を取りたがる。

しかし、みんなが主役になれるわけではない。なる必要もない。

光は影があってこそ光となる。映画であれ、演劇であれ、主役だけでは成り立たない。脇役がいて、はじめて主役は輝くことができる。両方ががっちりかみ合ってこそ、すばらしい作品ができるのである。

チームも同じである。したがって、監督は「主役も脇役も重要なアクターであることと、それぞれが自分の仕事に徹することがもっとも重要で尊いことであること」を選手たちに教え込む必要がある。それは、**「どんな人間であっても必ず自分を活かす場所があり、そこでしっかりと結果を出せば、脇役でも主役に劣らない評価を得られる」**ということを教えることにもなるはずだ。

そのためには何が大切か——「おのれを知り、自分の役割に徹することがプロとして生きていくことである」ということを理解させ、目指すべき方向性を明確に示してやることだろう。

たとえば、守備と野球に対する理解度に見るべきものを持っていた宮本慎也をバッティングにはある程度目をつぶって八番に起用したとき、私は彼に言った。

「おまえにはいずれ二番を任せる。そのつもりで勉強をしておけ。脇役の一流を目指せ」

つまり、「おまえに期待しているぞ」というメッセージを送ってモチベーションを高め、同時にそのためには何をすべきなのか、自分の役割と責任とは何かを認識し、目的意識を持って日々を過ごせと命じたのである。

たまさか宮本がホームランを打ったときには、ほめるどころか叱ったものだ。

「おまえにホームランなんていらん。一本ホームランを打つなら、ヒットを十本打て」

「自分の役割に徹することが生きていく近道なのだ」と意識を徹底させるためである。

プロ入り当初は長距離砲でバットを振り回していた土橋勝征《どばしかつゆき》にはこう命じた。

「使い勝手のいい選手になれ」

彼は自分が思っているようなホームランバッターではない。「長打者でなく短打者を目指せ」と告げた。ガッツがあり、真面目で努力を厭わず、どの打順でも、どのポジションでもこなすことができそうだったからだ。そういう選手は監督からすれば非常に使いでがあり、ありがたい。そこで土橋にはそういう選手を目指せと要求したのだ。

おのれを知れば、おのずと自分が目指すべき方向性が明らかになり、足りないこと、しなければならないことがわかる。言い換えれば、自分を活かす場所、方法がわかるのである。土橋がそうだったように、自分が長所だと思っていることが必ずしもそうでない場合もある。そういう選手には監督は、きちんと道筋をつけてやることが大切だ。むろん、しっかりと仕事をしたときには、脇役であろうと主役と変わらない評価をきちんとしてやらなければならないことは言うまでもない。

育成の要諦は、「無視・称賛・非難」である

選手を見抜き、育てるための考え方や方法について、いろいろお話ししてきたが、ここで、その考えの根本的なところに、いま一度、触れておきたいと思う。

選手にとっていちばんつらいのは無視されることである。だからこそ、「なんとかして自分を見てほしい、認められたい」と強く願う。人間の進歩と成長は、そこからはじまるのだ。

「認められるためには何が必要なのか。何をすればいいのか」

そう考えて努力することで、成長が促されるのである。

「人間は、無視・称賛・非難という段階で試される」

いろいろなところで述べてきたが、これは、私が実践してきた人材育成の根幹をなす原理原則である。私自身が、この段階を体験してきた。

無視されてふてくされているような人間は、そもそも見込みがない。人間の評価は他人が下すものであり、他人の評価こそ正しい。にもかかわらず、**「おれのよさがわからないなんて、見る目がない」などとうそぶいているようでは、成長など望めるわけがない。**したがって、それがわかるまでは無視しておけばよろしい（誤解を避けるために言っておけば、それは「見ない」という意味ではない。つねに「観察」はしていなければならない）。

「なんとかして認めさせてやる」と努力した結果、少し希望が見えてきたとする。そのときがまさしく、ほめるべき絶好のタイミング、「称賛」すべきときである。

自分自身でも「よくなってきたかな」と感じたときに、それを的確に指摘してほめてやれば、これはうれしい。ましてそれまでずっと無視されていたのだから、喜びはひとしおとなり、**「やっぱりきちんと見ていてくれたんだ」と指導者に対する信頼も深まる。**同時に、自信が生まれ、「もっとがんばろう」という意欲も喚起されるはずだ。

しかし、称賛してばかりではダメなのである。「自分はすごいのだ」と自惚《うぬぼ》れさせ、勘違いをさせかねない。そうなっては、もはや成長することは絶対に不可能だ。

そこで、組織の中心として自他ともに認めるようになった時点で、今度は「非難」するのである。

「おまえはもっとできるのだ。その程度で満足してはダメなんだ」

そういう期待の気持ちを込めて叱咤するわけである。

その人間が一流になるかどうかは、非難の真意を受け止め、悔しさを他人ではなく自分自身にぶつけ、「ちくしょう。絶対に見返してやる!」という強いバネに転換できるかどうかで決まる。それが一流と二流を分ける分水嶺《ぶんすいれい》となるのである。


私が選手に対して「無視・称賛・非難」の順で接してきたのは、自分自身がまさしくそのように育てられてきたという理由からでもある。

プロ入り三年目に行われたハワイキャンプで頭角を現したことが、私をカベ要員、すなわちブルペンキャッチャーから正捕手へ押し上げるきっかけになったことは、これまでいろいろなところで述べてきた。

キャンプ中、地元チームとのオープン戦が十試合ほど組まれていたのだが、当時の正捕手だった松井淳《まついじゅん》さんが肩を痛めていて、本来なら代わりを務めるはずだった第二キャッチャーも初の海外キャンプで毎晩遊びすぎ、鶴岡一人監督の怒りを買った。そのため、ブルペンキャッチャーとして参加していた私に出番が回ってきてそこで活躍したことが鶴岡監督に認められたのである。

しかし、じつはそのチャンスを危うくフイにしかねない出来事があった。ハワイキャンプは二十日間くらいだったと記憶しているが、その間、私はどこへも遊びに出かけなかった。ブルペンキャッチャーのほかに道具係もやらされていて、時間がなかったこともあるが、なにより安月給だったから、一銭もお金を持っていかず、遊びに行きたくても行けなかったのだ。たしか一日二ドルの日当がついたので、それを貯めて、当時はめずらしかったパイナップルをおみやげに買って帰ろうと思っていた程度だった。

ところが、最後の晩だった。同期生のなかに戸川一郎《とがわいちろう》というハワイに親戚がいる選手がいて、「おまえはどこにも行っていないだろうから、おれと一緒に親戚の家に行くか?」と声をかけてくれた。その日、私はオープン戦で活躍したことでハワイの野球連盟が選出する野手部門の新人賞に選ばれ、とても気分がよかったこともあって、連れて行ってもらうことにした。圓子宏《まるこひろし》さんというピッチャーも一緒だった。

その家でごちそうになり、お嬢さんたちとトランプなどをして（じつにかわいいものだ）遊んでいるうちに、門限の十一時が近づいた。

「おい、もう帰ろうや」

私は促したが、戸川は「今日くらいは大目に見てくれるだろう」と言う。それでそのまま遊んでいると、やはり同期だった宅和《たくわ》本司《もとじ》というピッチャーから電話がかかってきた。

「大変だ！　すぐ帰って来い！」

聞けば、第二キャプテンの島原輝夫《しまばらてるお》さんが鶴岡監督からぶん殴られているらしい。せっかく高い金を出してハワイまで来たのに、選手たちが観光気分で遊び呆けていたことに、とうとう鶴岡さんの堪忍袋の緒が切れたのだ。島原さんは選手を代表して殴られているようだった。

青くなったわれわれが、車で送ってもらい、大急ぎでホテルに帰り着くと（あまりに急いでいたので、交差点であわや大事故になるところだった)、鶴岡監督の説教の真っ最中だった。

「どうせ殴られるのだから、勇気を出して名乗り出よう」

圓子さんに促され、監督の前に進み出ると、「何時だと思っているんだ!」といきなり殴られた。そのまま正座させられながら、私は悲しくなった。

「せっかくチャンスをつかんだのに、これでパーだな。また二軍に逆戻りか……」

大ショックだった。

ところが、である。翌日、帰国した羽田空港で行われた記者会見で、鶴岡監督は言ったのだ。

「ハワイキャンプは失敗だった。しかし、ひとつだけ収穫があった。それは野村に使える目途《めど》がたったことだ」

新聞でこの談話を読んだ私は、非常にうれしく感じると同時に、救われる思いがした。実際、オープン戦でも使ってもらえた。

鶴岡監督は絶対と言っていいほど自軍の選手をほめなかったし、まして私はカべ要員であったから、それまでずっと無視に等しい扱いを受けていた。だから、なおさらうれしかったし、「よし、がんばって一軍に残ってやる！」と強く誓った。その気持ちが私を一軍に定着させ、レギュラーの座を勝ち取らせたのである。

鶴岡さんには、その後もう一度だけ、球場ですれ違いざまに「おまえ、ようなったな……」とポツリとほめられたことがあったが（このひとことも大いに私を感激させたものだった）、チームの中心となってからは、二度とほめられることはなかった。

「おまえは二流の投手はよう打つけれど、一流は打てんのう」

と、徹底的に非難された。けれども、私はその非難を「期待」だととらえ、悔しさをバネに努力を重ねた。一流と呼ばれるだけの成績を残せたのは、そういう気持ちを持ち続けることができたことが大きい。

監督としての私は、鶴岡さんをむしろ反面教師としていた。けれども、**この「無視・称賛・非難」はすべての人材育成にあてはまる真理である**と、監督になってからあらためて痛感させられたものだった。

好き嫌い、固定観念、先入観を排して判断し登用せよ

もうひとつ、監督としての鶴岡さんを私が高く評価しているところがある。「選手を見る目が公平だった」ことである。

〝親分〟と呼ばれた鶴岡さんは、とかく〝子分〟をつくりたがった。しかし、なぜか私は疎まれ、〝鶴岡一家〟に入れてもらえなかった。私を嫌っていたのかもしれない。

しかし、だからといって私を干すようなことはいっさいなかった。私にかぎらず、好き嫌いで選手を起用することは絶対になかった。そこはたいしたものだったと思っている。

「好き嫌いで選手を起用する監督は最低の監督である」

メジャーリーグではそう言われている。その通りだと私も思う。監督の判断ひ

とつ、選択ひとつで、選手の将来は大きく変わってしまう。言い換えれば、監督は選手の人生について、生殺与奪権と言ってもいいほどの大きな責任を負っているのであり、であるならば選手の評価は慎重に、かつ客観的な目を持って行わなければならない。その結果について本人が納得できるだけの根拠と説得力を持たなければならない。

当然、性急な判断は禁物であり、ましてや好き嫌いで使う使わないを決めるなど言語道断で、絶対にあってはならない。鶴岡さんは私のことを好いてはいなかったが、私をレギュラーとして使い続けた。おかげでいまの私があると言っても決しておおげさではないのである。

好き嫌い同様、監督たるものは先入観や固定観念を持って選手を判断してもいけない。これも私が自分に戒めてきたことである。

「こうでなければいけないから」「前例がないから」

そういう目で選手を見てしまっては、その選手が持っているかもしれない才能と可能性を摘み取ってしまいかねない。

野茂英雄《のもひでお》やイチローのケースを考えてみよう。〝トルネード〟と呼ばれた野茂のピッチングフォームも、かつては〝振り子打法〟と呼ばれたイチローのバッティングフォームも、独特だった。過去にそんな投げ方をした、打ち方をした選手はいなかった。**それまでの常識からはかけ離れていたのである。**

だから、ふたりは否定された。野茂は鈴木《すずき》啓示《けいし》監督にフォーム改造を命じられたし、イチローは「あんな打ち方ではプロの球を打てるわけがない」と決めつけた土《ど》井《い》正三《しょうぞう》監督に起用してもらえなかった。

結局、野茂は鈴木監督の命令に従わず近鉄バファローズを退団、メジャー挑戦という道を選んで大成功を収め、イチローは土井の後任監督となった仰木彬のもとで才能を開花させることができたわけだが、誰もがふたりのように自分の意志を押し通せるとはかぎらない。

鈴木も土井も、「こうでなければならない」という固定観念と「これでは成功するわけがない」という先入観を持って野茂とイチローに接したがために、ふたりの将来を台無しにしかねなかったばかりでなく、自分自身の評価をも落とすことになった。人材育成においても「固定観念は悪、先入観は罪」なのであり、「百害あって一利なし」なのだ。

第四章
慢心したリーダーは害悪である

リーダーだからこそ、つねに成長しようという気持ちを持て

「組織はリーダーの力量以上には伸びない」

冒頭に私はそう言った。ということはつまり、組織を伸ばそうとすれば、リーダー自らが成長するしかないということになる。リーダー自らが成長しようという気持ちをつねに忘れず、力量を向上させることに努めなければ、組織もそれ以上成長しないのだ。

当然、部下に対する以上に自分を厳しく律し、つねに進歩しようとする姿勢を見せなければならない。**選手が監督をよく見ているように、フォロワーはリーダーをよく観察している。**リーダーが自分自身を甘やかし、失敗した責任を部下に押しつけたり、言い訳をして平気でいれば、誰もこの人についていこうとは思わない。

しかし、現実は〝人に厳しく自分に甘い〟リーダーのほうが多いのではないか。そういうリーダーのもとでは、部下も同じような態度をとるようになるに決まっている。当然、組織全体もそうなっていくのである。

「監督たるもの、すべてにおいて選手に負けてはいけない」

そう肝に銘じていた私は、つねに新しい知識や情報の吸収、バージョンアップに努めた。ミーティングでは、随所に新たに気づいたこと、考えたこと、仕入れたことを織り込み、マイナーチェンジを繰り返したし、他球団の情報やデータもつねに更新した。それは七十代で楽天の監督になってからも変わらなかったし、むしろ積極的にコーチの意見を求め、うなずけるだけの内容と根拠があれば採り入れるようにもなった。

むろん、自分がミスをしたときには、ましてやそれが原因で負けたときには、自分の非を素直に認め、反省した。

「おれの采配ミスだった」

試合後のコーチ会議だけでなく、記者へのコメントとしてもそう明言し、選手にも伝わるようにした。

選手やコーチに言わせると、そんなことをする監督は私くらいのものらしい。監督が自分のミスでチームに損失を与えたことを認めてしまっては、選手やコーチの信頼感を失わせ、求心力を弱めることになりかねないからだという。

しかし、私は思う。選手に対して厳しく接し、プロとしてしっかり準備することを求める以上、自分自身の失敗を棚に上げていいわけがない。

子供が親の背中を見て育つように、選手も監督の背を見て育つのだ。**失敗することで成長するのは、監督も選手も変わりはない。**失敗を認め、見据えたうえでの変化と成長が、組織全体を成長させることになるのである。

満足、妥協、自己限定を排し、理想を追求せよ

「満足は成長への最大の敵である」

私は選手たちに言い続けてきた。

「これだけ成績を残したのだから」「このくらいやればいいや」と満足してしまえば、「これ以上苦しい思いはしたくない」「この程度でいいや」と低いレベルで妥協してしまう。妥協してしまえば、「これで精一杯」「これ以上は無理だ」と自分の力を限定することになってしまう。満足→妥協→自己限定という負のスパイラルに陥ってしまうのだ。こうなれば、もはや成長することはありえない。

「投げて、打って、走る」という純粋な野球の才能においてはせいぜい並であった私が、なんとか人の記憶に残る成績をあげられたのは、一度も満足しなかったということが大きい。

三歳のときに父親が戦病死、ほどなくして母親も大病を患い、貧乏生活を余儀なくされた私は、「大金を稼いで母親を楽にしてやりたい」という一心から、テストを受けて南海ホークスに入団した。しかし、私が採用されたのはカベ要員としてであった。

「ここから這い上がるには、練習しかない。要は時間の使い方だ」

そう考えた私は、人が遊んでいるあいだもバットを振り、弱かった肩も毎日の遠投で鍛えた。

三年目に一軍に上がってからは「二度と二軍には落ちたくない」と、それまで以上に練習した。その甲斐あって、正捕手の座をつかみ、ホームラン王にもなった。

ところが、そこで壁にぶつかった。五年目、六年目と、どんなに練習しても二割五分、ホームランも二十本程度しか打てなかったのである。

「キャッチャーでそれだけ打てればいいではないか」

と言った人もいた。けれど、それでは大金は得られないし、家も建たない。技術的に限界を感じた私は、データなんて言葉もなかった時代に、相手バッテリーのデータやクセを十六ミリフィルムで研究し、配球を読むことを思いついた。二割五分は打てる。三割打つために足りない五分をどうするか――その残り五分の壁を乗り越えることができたのは、そこその成績では満足せず、妥協もしなかったからなのだ。

キャッチャーとしては、つねに完全試合を目指して試合に挑まなければならない。フォアボールを出したらノーヒットノーラン、ヒットを打たれたら完封……というふうに、つねにその状況における最高の結果を出すよう努めた。

さらに、そのために「一日三試合」を自分に課した。まずは試合をイメージし、頭のなかで一球一球バッターと対戦する。二試合目はむろん、実際の試合。そして試合が終わったらもう一度、プレーボールからゲームセットまで試合を振り返り、反省するのである。こうして四六時中、理想の配球を追い求めていた。満足している時間など、まったくなかった。

監督としての私は、毎日盛大にぼやいたものだが、これも満足することなく理想を追い求めたからこそである。**理想があり、それに届いていないから、ぼやく**

のだ。

誤解のないよう言っておくが、ぼやきと愚痴は違う。愚痴とはたんに自分を美化したいだけ。「おれの言う通りにやらないからそうなるんだ」というふうに、責任を選手に転嫁する後ろ向きの発言でしかない。

対してぼやきは、期待の裏返しだと言っていい。

「もっとできるはずなのに……」

そういう気持ちがぼやかせたのである。「それなのに、どうしてやろうとしない、どうして改善しようとしないのだ」と叱咤しているのだ。選手に気づかせるために、考えさせるために、私は毎日ぼやいていたわけである。

ぼやきが理想を追求した結果である以上、当然自分も対象になった。

「思うように選手を動かせないなんて、どれだけおれはヘボなんだ」

何度自分自身にぼやいたことか。

監督が現状に満足し、理想を忘れてしまっては、選手も「この程度でいい」と考える。そうなってしまえば、チームもそこまでなのである。これは野球のチームにかぎらない。リーダーは、満足・妥協・自己限定を排し、つねに理想を追求しなければならないのだ。

リーダーはチーム内に派閥を持ってはならない

前にも述べたが、監督時代の私は、選手を連れて呑みにいくこともなければ食事に行ったこともなかった。選手とは距離を置いていた。これは、「選手はある意味、敵であり、絶対に負けてはいけない」という考えからだが、もうひとつ理由があった。

現役時代、こんな経験をしたのである。

ある年の正月、私は前妻を連れて鶴岡監督の自宅まで年始のあいさつに出向いた。すると、玄関にたくさんの靴が並んでいた。決して大きくはない家だったから、客間の声が玄関まで聞こえてきた。先客は、鶴岡監督を慕う選手たちだった。

「あけましておめでとうございます」

玄関口で鶴岡監督にあいさつすると、鶴岡監督は「おお、ご苦労さん」と答えた。当然、「みんなおるからあがって一杯やっていけよ」という言葉が出てくるだろうと私は思った。ところが、鶴岡監督は何も言わない。妙な間ができたので、「じゃあ、失礼します」と言って私は踵《きびす》を返した。

なんともいえない嫌な後味が残った。世事に疎い私はそのときはわからなかったが、あとになって気がついた。

「あれが派閥というものなのか……」

監督が特定の選手をかわいがれば、かわいがられた選手は「監督のためにもがんばろう」と考える。かわいがられている選手同士で結束し、それが派閥となる。そこに入れない選手は当然おもしろくない。場合によっては、同じような立場にある選手を集めて、グループをつくることもあるだろう。当然、チーム内に亀裂が走る。そこから組織というものはいとも簡単に崩壊してしまうのだ。私が選手たちとのあいだに一線を引いていたのには、そういう理由もあったのである。

選手というものは、監督によく思われたいと願っているものだ。自分を見てもらいたい、認めてもらいたいと強く思っている。監督が、たとえ「活躍したから」という理由であったとしても、特定の選手と酒や食事の席をともにすれば、誘われなかった選手は絶対にひがむに決まっている。私がそうだったから、よくわかるのである。

それに、監督としても日頃かわいがっている選手に対してはどうしたって情が移り、いざというときに私情にとらわれ、判断を誤るおそれがある。選手にとっても監督にとってもいいことはないのである。

だから私は鶴岡監督を反面教師とし、子分をつくることも取り巻きをつくることもしなかったし、「選手によく思われたい」と考えて選手にすり寄っていくようなコーチは、スパッと切るようにしていた。

組織のなかに子分がたくさんいれば、やりやすい面もあるだろうし、ある種の一体感も生まれるかもしれない。だが、チーム内に亀裂が走るような排他的なグループができてしまうと、それは崩壊の火種となる。

だからこそ、リーダーたるものは、それを助長してはならないのである。

「高山の巓には美木なし」と知るべし

私が監督になって三年目にヤクルトはリーグ優勝を果たし、四年目には西武を破って日本一を達成した。

翌春のキャンプで、私は選手たちがどのように変化したか、じっと観察した。セ・リーグで連覇を飾り、日本シリーズでも当時最強を誇っていた西武を下したことで、選手たちはシーズンオフにおいしい思いをしたはずだ。年俸は上がったし、V旅行にも行った。メディアからは盛んにお呼びがかかったし、どこへ行っても「おめでとう」とちやほやされたに違いない。そのことがどう影響するか、見ていたのである。

たしかにどの選手も意欲的、貪欲に動いていた。そして、それは日本一になったことで生まれた余裕から来ているように私には見えた。

これまでは無我夢中で、優勝すること、日本一になることしか見ていなかったが、日本一という頂に達したことで、見晴らしがよくなり、周囲が見えるようになった。その結果、野球選手としての自分の人生に思いを馳せたり、言動に配慮したりするようにもなった。勝ったという成功体験が、彼らの意欲と情熱をさらに引き出しているように見えた。

けれども――。

「高山の巓《いただき》には美木《びぼく》なし」

そういうことわざがある。高い山の頂に生えている木は、絶えず激しい風雨や太陽の光を直接受けるので、美しい姿を保てない。同様に、**高い地位にいる人間も、人から恨まれたり、厳しい批判にさらされたりするので、名声を保つことが難しい**という意味である。

ヤクルトはもっとも高い山に登ってしまった。ということは、追いかけられる立場になったということである。ほかのチームが束になって「打倒ヤクルト」を掲げてくる。徹底的に研究され、それまで以上の闘志を持って向かってくるわけだ。

連覇を達成するには、それをはねのけなければならない。それには、「もっと高いレベルを目指す」という強い意志とこれまで以上の努力が求められるのである。

だから私は、こう言って選手を鼓舞した。

「優勝はもう過去のことだ。新たな気持ちでシーズンに臨もう」

実際、選手たちもそういう気持ちでいるのはわかった。

しかし、やはりどこかでホッとしてしまったのだろう。日本一以上の目標はないわけだから、それを体験してしまった以上、頭では理解していても、気づかないうちにやはりモチベーションが下がっていたのだ。

選手たちは意欲的に動いていた。手を抜いているわけではなかった。訊けばみな、「一所懸命、真面目にやっています」と答えただろうし、実際そうだった。

しかし、そのレベルがこれまでと違ったのだ。一所懸命と真面目のレベルが現実にはやはり落ちていたのである。

一所懸命と真面目のレベルが下がること――それを慢心と言う。そう、日本一になったことで、ヤクルトの選手たちは知らず知らずのうちに、無意識のうちに慢心していたのである。

いや、選手たちだけではない。**私自身にもそういう部分がないとは言えなかった。それが四位という成績となって表れてしまったのだ。**

「勝って兜《かぶと》の緒《お》を締めよ」とはよく言ったもので、勝ったときほど、ひとつの目標を達成したときほど、気を引き締めなければいけないのである。

ついに日本シリーズ連覇を達成できなかった私だからこそ、あえて自戒を込めて言う――選手が慢心しているのなら、リーダーたる監督はさらなる明確なビジョンを示し、選手たちを叱咤激励し、もっと上を目指すよう仕向けなければならない。そして、そのためにはリーダー自らが自分に鞭打つ必要がある。そうしなければ、あっという間に坂を転がり落ちてしまうだろう。

リーダーは三人の友を持て

いまも述べたように、人間というものは、トップに立つと、慢心し、失うもの、気づかなくなるものが多くなるものだ。

冒頭で阪神の久万俊二郎オーナーに直談判した話を紹介した。

「阪神が弱いのはオーナー、あなたが原因なのだ」

そう言って私は、自分が信じる組織論を説くとともに、補強、育成、さらには人事まで、当時の阪神が抱えていたさまざまな問題点を指摘し、改善を迫った。

オーナーは真っ赤な顔をして私の話を聞いていたが、それから矢継ぎ早にさまざまな改革が実行に移され、阪神は短期間のうちに優勝を争えるチームに変貌した。

「きみは言いにくいことをはっきり言うね」

そのときは血相を変えて私を怒鳴り散らしたオーナーだったが、のちに同席していた手塚昌利《てづかまさとし》阪神電鉄社長（当時）から伝え聞いたところでは、会談後、こう語っていたそうだ。

「野村の言うことはいちいち腹が立つ。だが、よく考えると言っていることは正しい」

想像だが、当時の久万オーナーの周りには、耳触りのいい話、気分がよくなるような話ばかりする人間しかいなかったのではないか。

実際、私との会談の途中で阪神電鉄の部長だとかいう人が入ってきて、しばらく久万さんと話をしていたのだが、その部長はそれこそ歯の浮くようなお世辞を連発し、ご機嫌取りに終始していたものだった。

「人間は三人の友を持て」

そういう格言がある。すなわち、**「原理原則を教えてくれる人」「師と仰ぐ人」そして「耳に痛いことでも直言してくれる人」。この三人の友人を持て**という意味だ。

なかでも「直言してくれる人」は、リーダーにとってとりわけ貴重であると思う。

地位が上がるほど見晴らしはよくなり、大局を見渡せるようになるのはたしかだ。が、同時にだんだん見えなくなるもの、盲点も出てくる。金の値打ち、他人からの評価、そして情報が見えなくなるものの代表だという。

久万オーナーにかぎらず、肩書きが上がっていくにつれて、周囲は往々にして事なかれ主義のイエスマンばかりになっていく。なんでも「おっしゃる通り」と言うことを聞き、悪いことは耳に入れないようになる。

いいことばかり聞かされれば気分はいい。久万さんでさえ、

「お世辞ばかり言う部下はどうなんですか?」

と私が訊ねると、こう答えた。

「悪い気はせんよ」

となれば、周りにそういう人間ばかり置くようになり、逆に直言する部下は鬱陶しいから遠ざけようとする。こうしてますますゴマすり男やイエスマンばかりが増えていく。

すると、どうなるか。

真実がリーダーに伝わらず、〝知らないのは王様だけ〟という状態になってしまい、当然、問題点や改革すべきことは放置される。そのうちに事態は進行し、もはや組織は取り返しのつかない状態になって、最後は崩壊する……。

そういう道を歩んでしまった組織は、決して少なくないのではないか。当時の阪神はまさしくその通りになりそうだった。だから私はあえて進言したのである。

私自身、監督になってからは、直言してくれる人や進言してくれる人にはなかなか出会えなかった。妻だけだったと言ってもいい。

リーダーは進んで三人の友を持つように心がけないと、気がつけば〝裸の王様〟になっていないともかぎらないのである。

人望を得るには、自ら心を開け

リーダーに必要不可欠な条件として、「人望」をあげることに異議を唱える人はいないと思う。残念ながら、私にはこれが欠けていたようで、選手たちから「監督を胴上げしたい」という言葉を聞くことはめったになかったが、それはともかくとして、「この人についていきたい」と選手や部下に思わせることは、すぐれたリーダーの絶対条件であろう。

しかし、**いったい、どうすれば「この人についていこう」と思わせることができるのだろうか**――。

むろん、仕事に対する豊富で深い知識や理論、高い実績を持っていることは必要だろう。だが、それだけでは充分とは言えない。

「野球人である前に、ひとりの人間として尊敬できるか」

プロ野球の監督で言えば、そういうことが問われるのである。つまり、選手たちに**「この監督は人として信頼できる」「自分たちのことを思ってくれている」**と感じさせることができるか、ということだ。そういう気持ちが選手に起きなければ、「この監督についていこう」とは思わない。そういうことを感じさせる力を人望というのだろう。

非常にわかりやすい例がある。現役引退後、望まれて所属チームの監督に迎えられながら期待を裏切った元選手がいた。彼は野球の知識や理論、現役時代の実績においては周囲から一目置かれていた。

ところが、人を引きつける力に欠けていた。ケチなのだ。選手同士で食事に行く場合、いちばんの高給取りが全員の食事代を払うのがこの世界の習わしなのだが、彼は一度も払ったことがなかったそうだ。現役時代から選手のあいだに「あの人はケチだ」ということが知れ渡っていたのである。些細なことに見えるかもしれないが、それだけで選手は幻滅する。「人として信用できない」と感じてしまうものなのだ。

では、選手や部下をして「この人についていこう」と思わせるためにもっとも大切なことは何か――。

「自ら心を開くこと」

私はそう思う。心を開いていない人間、開こうとしない人間に、誰がついていこうと思うだろうか。誰も思わないはずだ。

では、心を開くとはどういうことか――かんたんな話である。相手に対し、好奇心と興味を持つこと、知りたいと思うことだ。言い換えれば、「相手を好きになること」である。もっと言えば、「愛すること」だ。

恋愛と同じなのである。恋が芽生えれば、自然に心は開くし、「この人を大切にしたい」「一緒に歩いていきたい」と考えるだろう。要は、どれだけ選手に、部下に恋することができるか――。「この人についていこう」と思わせることができるかどうかは、そこにかかっていると言っても過言ではない。

克己心なき者にリーダーの資格なし

「監督とはなんと孤独な仕事であることか」

ここまで書いてきて、つくづく私は思う。

南海時代の先輩に、蔭山和夫《かげやまかずお》さんという内野手がいた。旧制市岡中学、早稲田大学と名門を歩んだだけに、〝野球博士〟と言っていいくらいで、野球に関する知識は当時としては群を抜いていた。鶴岡監督も一目置いていて、困ったときには「カゲ、なんとかせい！」と任せてしまうのが常だったし、私もわからないことがあるとよく訊きに行った。だから、一九六五年に鶴岡監督が辞任したとき、当時ヘッドコーチだった蔭山さんが監督に昇格したのは、当然と思われた。

ところが、選手の一部がこれを快く思わなかった。たしかに蔭山さんは選手からの信頼は篤かったのだが、エリート意識が強かった。選手からすればとっつきにくい雰囲気があった。プライドとは自分でコントロールできてはじめて価値があると私は思っているが、蔭山さんはプライドをコントロールできなかったのかもしれない。鶴岡さんのように選手のレベルまで下りてこない一面を持っていた。それで鶴岡親分を信奉する子分たちは、蔭山さんに反目したのだと思う。

当時私はキャプテンで、本来ならば蔭山さんを支える立場にあったのだが、ちょうど三冠王を獲った年で取材やら何やらで忙しく、ようやくあいさつできたときには、就任発表からすでに数日が経っていた。あいさつに行ったのは、どうやら選手では私だけだったようで、あとで蔭山さんから「ちゃんとあいさつしてくれたのはきみだけだよ」と寂しそうな顔で言われたし、ほどなくして同僚選手の結婚式で同じテーブルに着いたときには、蔭山さんの目には深い隈ができ、ひどくやつれていた。食事にもいっさい口をつけず、会話すらなかった。クソがつくくらい真面目な人だったから、選手たちとの軋轢《あつれき》に深く悩んでいたのだと思う。

「自分がいては南海の邪魔になる」

そこまで思い詰めていたようだ。

あまりの憔悴《しょうすい》ぶりに「あまり深刻に考えないほうがいいですよ」と帰り際、私は声をかけたのだが、結局、それが蔭山さんとの最後の会話となった。その直後、蔭山さんの訃報が届いた。監督業に殺されたと言っても過言ではないと私は思っている。

蔭山さんほどではないにしても、監督とは非常に孤独なものである。私が南海の監督に指名されたとき、いつも一緒につるんで遊んでいた杉浦忠と広瀬叔功がとたんに私に背中を向けたのをいまでも忘れられない。

孤独なだけでなく、監督はさまざまな敵と闘わなければならない。受けるプレッシャーは非常に強いし、やるべき仕事量は膨大で、責任も大きい。成績がちょっとでも悪ければ、選手だけでなく、ファンやマスコミからは容赦ない攻撃を受けるし、本来は味方であるはずのオーナーや球団社長も「監督がダメだからだ」と批判の矛先を監督に向ける。

だから、つい挫けそうになる。自分に負けそうになる。妥協しそうになる。けれども、そこで負けてはおしまいだ。監督失格である。

いやしくも監督であるならば、プレッシャーや攻撃に負けないだけの強さを持たなければならない。おのれを叱咤し、鼓舞し、孤独に打ち克たなければいけない。

自分自身に打ち克とうとする克己心——それなくして監督という仕事は務まらない。そしてそれは、プロ野球の監督にかぎらず、すべてのリーダーにあてはまることだと私は思うのだ。

計画し、実行させ、確認することを怠ってはならない

ヤクルトの監督に就任するにあたって、フロントに要求したことがある。

「毎年、ドラフトでは即戦力のピッチャーを獲ってください」

野球は相手を0点に抑えれば絶対負けない。とすれば、なにより必要なのは、すぐれたピッチャーだ。

チームというのは、即戦力型と育成型、両方の選手でつくられる。毎年ドラフトで即戦力のピッチャーをひとりずつ獲っていけば、三年で先発三本柱ができあがる。そのあいだにほかの選手の育成をし、チームをつくっていく——それが私の計画だった。

これがものの見事に計画通りにいった。一年目、目玉だった野茂英雄は逃したものの、西村龍次と古田敦也を獲った。二年目は岡林洋一。高津《たかつ》臣吾《しんご》もこの年の

入団である。三年目は石井一久。その次の年は松井秀喜をあえて捨てて伊藤智仁《いとうともひと》を指名した。

彼らはいずれも期待通りの働きをしてくれた。だからこそ、ヤクルトは三年目でリーグ優勝、四年目で日本一になることができたのである。

このように、**掲げた目標を遂行するには、なによりもまず「計画」が必要である。**何を、いつまでに、どこまで完成させるか。長期、中期、短期それぞれの計画を立てなければならない。

次はもちろん、それを「実行」することだ。プロ野球の監督なら、闘いの指揮を執ることであり、**闘いを有利に運ぶための戦略・戦術を立て、実施させることが実行**だが、このとき私が気を遣っていたのは、選手が動きやすい環境をつくることだった。たとえば、ヒットエンドランのサインを出す場合なら、ピッチャーがストライクを取りにくる確率が高く、かつ相手の警戒心が薄いと見えたときにすかさず行うというふうに……。

同時に、選手が失敗を恐れずに果敢にプレーできるようにしてやることも非常に大切だ。かつてのヤクルトがまさしくそうだったが、弱いチームには、失敗を恐れてビビッてしまい、持てる力を出し切れない選手が多い。前にも述べたことだが、そういう選手に私は、いつもこう言って檄《げき》を飛ばしたものだった。

「三振しようがエラーをしようが、おまえに責任はない。責任はおまえを起用したおれにある。だから、失敗を恐れることなく、思い切りプレーしなさい」

そして**実行の際、絶対に欠かしてはならないのが「確認」である。**

とりわけ私は、この確認を重要視していた。というのは、「もしあそこでこうしていたら……」とか「こうなっていれば……」という、いわゆる「たら・れば」の事態が生じるのは、確認を怠ったことが原因になっているケースが圧倒的に多いからだ。それを防ぐために私は、「確認を怠るな」と、しつこいくらい言い続けたのである。

「計画」「実行」「確認」は、どんなことにも通用する仕事の三要素である。

よいリーダーは、計画がつつがなく実行できているかをつねに確認し、修正と微調整をし続ける。気を抜かず、ハプニングに備え、組織から目を離してはならない。

自分以外のすべてに学べ

「結縁・尊縁・随縁を大切にせよ」

私はよくそう言ってきた。

「結縁・尊縁・随縁」とは、中曽根康弘元総理大臣があいさつの際によくおっしゃっていた言葉なのだが、「縁を結び、結んだ縁を尊び、その縁に随う」という意味だという。

手前味噌の誹《そし》りを受けるのを覚悟で言えば、私と出会ったことで人生が大きく変わった選手は決して少なくないと思う。東映でくすぶっていた江本孟紀は南海に来てエースに成長したし、山内新一と松原明夫《まつばらあきお》（福士敬章《ふくしひろあき》）は〝野村再生工場〟の第一号。江夏豊はストッパーとして第二の投手人生を開花させた。

古田敦也は——本人は認めたがらないだろうが——私がキャッチャーの英才教

育を施したからこそ、球界を代表するキャッチャーになったし、二〇一二年に二〇〇〇本安打を達成した宮本慎也は、バッティングには目をつぶって抜擢したからこそ、名球会の一員となった。やはり二〇一二年に二〇〇〇本安打を放った稲《いな》葉《ば》篤紀《あつのり》はたまたま息子・克則《かつのり》の試合を神宮に見に行ったときに、盗塁王に五回輝いた赤星憲広はシドニーオリンピックの強化選手として阪神のキャンプに参加したときに、それぞれ私が注目してドラフト指名リストに加えてもらった選手である。小早川毅彦《こばやかわたけひこ》や山﨑武司は私のもとで劇的な復活を遂げた。

これらの選手の恩人は私だなどと言いたいのではない。私と彼らが出会ったこと、そして彼らがその出会いを活かし切ったことが、それまでとは違う未来へとつながっていった——そう言いたいのである。

これ、すべて縁である。むろん、私も多くの縁によって生かされてきた。さまざまな人と出会い、さまざまなかたちで恩恵を受けた。だからこそ私は、こう思っている。

「我以外皆我師」だと。

作家・吉川英治《よしかわえいじ》さんの言葉だが、読んで字のごとく、「自分以外のすべての人は自分の先生である」という意味だ。

その通りだと思う。巡りあったすべての人が、私にとっては先生だった。

むろん、すべての人がよくしてくれたわけではない。なかには私のことを批判した人もいたし、「こういう人にはなりたくないな」と感じさせた人もいた。けれど、批判されればどうしてされたのか自分の行いを振り返り、反省すべき点は反省したし、人のふりを見てわが振りを直した。

監督になってからも、選手との縁を大切にした。選手はよほどのことがないかぎり、監督を選べない。とすれば、監督はつねに細心の注意を払って選手を観察し、どうすれば選手が成長するかを考え、アドバイスをし、見守ってやらなければいけない。つねに「これでいいのか？」「知らないうちに慢心してはいないか」と自問自答し、自分自身を成長させていかなければならない。逆に選手から学ぶことも多々あった。監督といえども謙虚であることが求められるのである。

謙虚さを忘れないために戒めとしている言葉がある。

「進むときは上を向いて進め。暮らすときは下を向いて暮らせ」

仕事においては、理想を高く持ち、それを実現するべく、満足や妥協することなくつねに高みを目指すべきである。だが、上ばかり向いていると、人間は自分を過信し、自惚れかねない。地位や肩書きが上がれば上がるほど、そういう傾向が強くなる。自分がそうなっていることに気がつかない。

だから、ふだんの暮らしでは下を向いているほうがいい。そうすれば、苦しんでいる人、恵まれない人、つらい思いを味わっている人が目に入るはずだ。そして、自分がどれだけ恵まれているのか、どれだけ幸せであるかに、気がつくだろう。そうなれば感謝の心が生まれるし、他人にやさしくなれるのだ。

「いまの自分があるのは人より努力した結果だ。不遇なのは努力が足りないからだ。自分のせいなのだ。もっとがんばればいいのだ」

もしかしたら、そう言って反発する人がいるかもしれない。最近は自己責任というのか、そのように考える人のほうが多いかもしれない。

しかし、私は思う。いまの地位と肩書きを手に入れられたのは、たしかに自分が努力したからなのだろう。しかし、人はひとりでは絶対に生きていけない。いまの地位も肩書きも、絶対に自分ひとりで手に入れたものではないはずだ。自分を生んでくれた親をはじめ、陰になり日向になり、支えてくれた人がいたのではないか。

そのことに思いを馳せれば、どうして慢心などできようか。縁を大切にし、尊重することが、おのずと成長を促すのである。

第五章
進化し発展する組織をつくるために

人間教育こそが強い組織のもととなる

監督の仕事とは、基本的に「チームづくり」「人づくり」「試合づくり」の三つだと私は規定しているが、なかでも重要なのが「人づくり」だと思っている。人がつくれなければ、チームも試合もつくることはできないからだ。

「人間は何のために生まれてくるのか？」

監督になって最初のミーティングで、私は選手たちに訊ねるのが常だった。たいがいの選手は答えられない。そんなこと、考えたこともないからだ。別に明確な答えを求めたわけではない。「一度くらい考えてみたらどうだ？」という問いかけのつもりだった。というのは、仕事と人生は切り離して考えることはできないからである。

「何のために生まれてきたのか、どのように人生を生きたいのか、どういう人間

になりたいのか――」

そうしたいわば人生観が確立できなければ、仕事観も確立しない。思考は行動を決める。意識が変わることで、日々の過ごし方や仕事に対する取り組み方が変わる。日々の過ごし方や仕事への取り組み方が変われば、当然仕事の質は高まり、自然と周囲の評価も上がっていくのである。

ということは、**いくら技術を磨いても限界がある**ということである。人間を磨かなければ、**すなわち思考を変えなければ、進歩も成長もない**わけだ。だからこそ私はいつも言うのである。

「人間的な成長なくして技術的成長なし」

技術を磨く前に人間性を磨くことが大切なのだ。

したがって、監督はまず「人づくり」、つまり選手の人間性向上を図らなければならないのだが、それを怠っている監督がいかに多いことか。というより、いまの十二球団の監督のうち、誰がこうした人間教育に力を入れているのか。

たしかに、技術的指導には熱心だ。科学的なやり方やデータを導入し、懇切丁寧に教えている。その点では精神野球一本やりだった時代に較べれば、はるかに進歩している。しかし、彼らが力を入れているのは、〝野球学〟だけなのである。野球の技術さえ伸ばせばいいと思っているのだ。

さらに、いまはなによりも結果が重視される時代である。それゆえ、とにかく結果さえ出せば、数字さえあげればよしとする。プロセスを軽視し、叱るべきときであっても、結果が出ていれば叱らない。わがままも認めてしまう。

そういう指導を行えば、短期間である程度の結果を出すのは不可能ではないだろう。しかし、**その強さがずっと続くかどうか、すなわち本物の強さになるかといえば、疑問と言わざるをえない。**そうした強さは、あくまでも瞬間風速的な強さでしかないのではないか。

どうして川上監督率いる巨人が九連覇もできたのか。それは、(大先輩の名前を出すのは恐縮だが)西本幸雄監督率いる阪急ブレーブスが戦力では巨人に勝るとも劣らなかったにもかかわらず、ついに一度も勝てなかった理由を考えてみれば理解できる。

西本さんはとにかく情熱を持って選手に対していた。ときに鉄拳制裁も辞さないほど熱心だった（だからこそ私は、後任の阪神監督として最初は西本さんを推薦したのである）。その献身ぶりには頭が下がる思いがした。

ところが、それは技術的指導に、とりわけバッティングにかぎられていた。野球学にはことのほか熱心だった西本さんだが、私の知るかぎり、人間教育にはまったくと言っていいほど力を入れていなかった。

阪急の監督辞任後に西本さんが指揮を執った近鉄バファローズに、鈴木啓示というエースがいた。ご存じだとは思うが、鈴木は三〇〇勝をあげた大投手である。当時のエースは、試合展開や状況によってはリリーフも行うのがふつうだった。しかし、鈴木にかぎっては絶対と言っていいほどリリーフのマウンドには立たなかった。

近鉄が優勝争いをしている最中の天王山と言うべき試合で、勝敗を左右する場面となった。

「ここは鈴木だな」

私は予想した。ところが、鈴木は登板しなかった。不思議に思ったので、あとで西本さんに訊ねてみた。

「あのとき、どうして鈴木を投げさせなかったのですか？」

西本さんは答えた。

「あいつは『絶対リリーフはしない』と言うんだよ。『無理して肩を壊したら、誰が補償してくれるんですか』って……」

そして「困ったもんだ」という表情で西本さんは私に言った。

「おまえからあいつに意見してくれんか」

鈴木の言い分は理解できないことはない。いまではあたりまえのことだ。しかし、鈴木が意気に感じて「おれが行く」とリリーフを買って出たとすれば、チームはどれほど結束するか。繰り返すが、中心選手の言動はチーム全体を左右する。**エースがチームよりも自分を優先すればほかの選手もそれが当然と思ってしまう。そんなチームが勝てるはずがないのである。**

おそらく西本さんは、日頃から鈴木のわがままを許していたのだろう。叱るべきときにきちんと叱らなかった。つまり、野球人である前に、人間としてどう生きるべきかということを選手に厳しく説かなかった。そこに西本さんがついに一度も日本一になれなかった根本的な理由があるのではないかと私は想像するのでである。

対して川上さんはどうだったか。

森に聞いたところでは、技術指導はコーチに任せっきりだったという。川上さんは代わりに人間教育には非常に力を入れていたそうだ。ONのようなスーパースターであっても、いっさい特別扱いをしなかった。とりわけ重視したのが「感謝の心」だった。トイレのスリッパについてまで「揃えて脱げ」と厳しく命じるほどだった。「あとに入る人のことを考えろ」という意味である。

人はとかく、自分ひとりの力で生きていると考えるものである。プロ野球選手は過酷な競争を勝ち抜いてきた選ばれし者であり、結果さえ出せばたいがいのわがままは認められてきたから、とくにその傾向が強い。

しかし、**人は知らず知らずのうちに他人からさまざまな恩恵を受けている。野球選手も例外ではない。**チームメイトや裏方の協力があってはじめていい成績が残せる。

たとえば、ひとりであげられる打点はホームランによる一点だけ。塁に出てくれたランナーがいるから二点、三点と稼げるのであり、そもそもバッターボックスに立てるのは練習相手を務めてくれたバッティングピッチャーをはじめとする裏方がいたからだ。それ以前に高校や大学で指導してくれた監督やコーチがいたからプロになれたわけだし、自分が存在しているのは両親のおかげである。とすれば、自分の力で生きてきたなどというのは、とんでもない誤解であり、思い上がりなのである。

感謝の心を忘れなければ、一流選手になってお世話になった人に恩返しをしたいと考えるだろう。そのために努力をするし、真剣に考える。自分を犠牲にしてもチームのために役立とうとするはずだ。そうすれば、結果もおのずと変わってくるというものだ。

西本さんにかぎらず、こうした人間教育に力を注いでいた監督を寡聞にして私は知らない。鶴岡さんから私は「人間とはどう生きるべきか」などという話をされた記憶はないし、三原脩さんや水原茂さんだってそうだと思う。川上さんだけなのだ。

そして、この人間教育こそが巨人の九連覇の原動力となった。私はそう信じている。

中心的存在が成長を志向すれば、周囲もそれに倣う

現役時代、四番でキャッチャーだった私はいつも、周囲の選手に対して「おれをよく見ておけよ」という気持ちで試合や練習に臨んでいた。多少のケガでは絶対に休まなかった。

なぜか——。中心的役割を果たす人間の意識と行動は、組織全体に大きな影響をおよぼすからである。中心的存在が公私ともに厳しく自分を律し、つねに成長しようという姿勢でいれば、周りの人間も彼を見倣おうとするし、逆にいいかげんで自分のことしか考えない人間であれば、周囲もそれでいいと考えてしまい、当然、組織全体もそうなってしまう。

つまり、中心いかんによって、組織が機能するかしないかが決定されると言っても過言ではないのである。だから私はよく口にするのだ。

「中心なき組織は機能しない」

これは組織論の大原則なのである。

その点で私が理想的なチームの中心として認めていたのがON、すなわち王貞治と長嶋茂雄のふたりだった。**ONは、まさしく〝チームの鑑《かがみ》〟、ほかの選手の模範であり続けた。**

私は王の素振りを間近で見たことがある。王はホームラン王になってからも、師匠である荒川博《あらかわひろし》さんのもとで素振りをするのが日課となっていた。私が訪れたとき、王はよく知られている、ぶら下げた紙を真剣で切る練習をしていたのだが、実際にそれを目《ま》の当たりにした私は思わず息を呑んだ。すさまじい殺気が漂っていた。私も毎日素振りは欠かさなかったが、王の素振りに較べれば、私のそれなんて遊びも同然だった。

〝天才〟と言われた長嶋だって、こと野球に対する取り組みの厳しさは誰にも負けなかった。努力など無縁に見えても、陰では血を吐くほどの思いをしていた。

ふつう、ONクラスの選手になれば、練習では多少なりとも手を抜くものである。自分なりの調整法を心得ているし、下手に入れ込んでケガでもしたら元も子もない。周囲もそれを認めてしまう。

ところが、王と長嶋は「そこまでやらなくとも……」と周りが感じるほど目一杯取り組んだ。少々のケガでは休まなかったし、オープン戦にもすべて出場した。それが自分たちの使命だと感じていたに違いない。

巨人から南海に移籍してきた相羽《あいば》欣厚《よしひろ》という選手が私に言ったことがある。

「ＯＮは練習でも試合でもいっさい手を抜かない。だから、周囲の選手もうかうかしていられない。**みんな思っていたはずだ。〝ＯＮがあれだけやるのなら、自分はもっとやらなければならない〟と**――」

だからこそ、あのころの巨人は強かったのだ。ＯＮは数字以上の影響をチームに与えていたのである。

では、どうしてＯＮはチームの鑑たりえたのだろうか。それにはもちろんふたりの妥協を許さない性格によるところが大だろうが、しかし、当時の監督だった川上哲治さんの力も大きかったに違いないと私は信じている。

川上さんは、ＯＮであってもいっさい特別扱いしなかった。これは口で言うのはたやすいが、実際にはなかなかできることではない。ＯＮくらいのスーパースターであれば、ほとんどの監督はたいがいのわがままを許してしまう。下手に注意して反発されるのが怖いからだ。

たとえば金田正一《かねだまさいち》さんは、自分が投げない試合であっても、勝ちそうになると途中から出て行ってほかのピッチャーの勝ち星を横取りすることがあったし、村山実《むらやまみのる》は先発日を自分で決めていた。

しかし、川上さんはスーパースターに対してもわがままは許さなかったし、叱るべきときは毅然とした態度で叱ったという。長嶋がミーティングに筆記用具を持ってこなかったときは烈火の如く叱ったと聞くし、王はこう語っている。

「打者の脇があいているのを矯正するために、両腕をひもで縛ってスイング練習させたらいいのではないかと思いつくと、ONにもやらせた。三割打者やホームラン王にそんなことをやらせる監督はいない。それだけの強さを持っている人だった」

川上さんというリーダーが特別扱いしなかったから、ONの両雄は見事に並び立ち、巨人の中心となったのである。

「集める」「教える」「鍛える」を並行してはじめて、チームは強化される

チーム強化のためには、「集める」「教える」「鍛える」を同時並行的に行うことが必要だ。すなわち、優秀な人材を集め、仕事に対する心構えや技術を教え込み、それを伸ばすべく鍛えることを並行して行っていくのがリーダーの仕事である。

ところが最近は、「教える」と「鍛える」がなおざりにされているように思う。なによりもすぐに結果を出すことを求められるからだろう。プロ野球で言えば、勝つことを優先するあまり、育成という大切な仕事が後回しになり、手っ取り早く他球団や外国からエースや大砲をかき集めたり、ひたすら選手をほめ、おだてあげ、気分よくプレーさせることを第一に考えるようになってしまっているように私には見えるのだ。つまり、**いまの監督に、選手が育つのを待つだけの度量が**

ないのだろう。

もっとも、監督からすれば、いたしかたない面がある。というのは、近年はプロ野球の監督の在任期間が短くなっているからだ。かつての監督は、二十三年間にわたって南海の指揮を執った鶴岡さん、巨人を十四年率いた川上哲治さんを筆頭に、だいたい十年単位でチームを預かっていた。私も南海で八年、ヤクルトで九年間務めさせてもらった。

鶴岡さんにしろ、川上さんにしろ、あるいは阪急ブレーブスと近鉄バファローズを長らく率いた西本幸雄さんにしろ、結果を出し続けたからこそ長期政権を手にしたのは言うまでもない。ただ、球団側にも自分たちが選んだ監督を信頼し、チームがつくられるのを待つだけの度量があったのも事実である。だから昔の監督たちは選手を教育し、鍛え、じっくりチームをつくっていくことができた。その過程で監督と選手のあいだに信頼関係が生まれ、深まっていった。

ところが、いまの監督の任期は長くても五年。ある程度結果が出ても三年程度で交代させられてしまう。つまり、最初から結果を出すことを求められるようになっているのである。**となれば、なによりも勝つことを優先せざるをえない。だ**

から、「教える」「鍛える」が後回しにされてしまうのだ。

Ｖ９以降の巨人がまさしくそうだった。王貞治が私に言ったことがある。

「ノムさんは巨人のユニフォームを着たことがないからわからないだろうけれど、巨人はつねに勝たなければならないんですよ」

つまり、時代が変わり、選手が替わっても、常勝を義務づけられる。勝つことが最優先され、他球団からエースと四番をかき集めることになる。その結果、育成が忘れ去られ、いい素材であっても伸び悩む。そして結局はまた外部からの補強に頼らざるをえず、結果としてまた育成が……という悪循環にひところの巨人は陥っていた。

近年、巨人は再び強さを取り戻しているが、その背景には、かつての陥穽《かんせい》から抜け出し、育成に力を入れるようになった結果、生え抜きの若手が台頭し、ＦＡなどで獲得した有力選手とうまくかみ合ったことが大きいと私は見ている。これには、フロントのトップ、すなわちリーダーの考え方と体質が大きく変わったことが影響しているのは間違いないと思う。**球団リーダーの度量が広くなれば、現場のトップたる監督も、「教える」と「鍛える」にじっくり取り組むことができ**

るのである。

結果至上主義というのは監督自身にとってもマイナスが大きい。どんな監督だって、はじめから名将ということはありえない。監督という仕事を遂行していくなかで、失敗や試行錯誤を繰り返し、学び、成長していくのである。ある程度の時間が必要なのだ。

しかし、失敗を許されず、すぐに結果を求められる状況では、監督自身が能力を磨き、伸ばすことが難しくなってしまう。近年、監督の人材が払底《ふってい》し、名将と呼ばれる監督も少なくなっているのは、こうしたことも原因のひとつかもしれない。そして、こうした傾向はプロ野球の世界だけに留まらないようにも思えるのだ。

激しい競争を勝ち抜いていくためには、なにより結果が優先されるのはわからないでもない。**厳しい経済状況では、人材を育てる時間も余裕もないのかもしれない。**労働力は余っているのだから、どんどん使い捨てにしていったほうがコストパフォーマンスは高いのかもしれない。

しかし、果たしてそれでほんとうに強い組織ができるのだろうか。目先の利益

だけを追い求めて、大きな実りを失うことになるのではないかと私は疑問に思う。

人材をコストパフォーマンスだけをものさしにして見ず、そこに「時間」を付加する視点が、リーダーには必要なのである。

強いリーダーは「戦力」「士気」「変化」「心理」の四要素を押さえている

勝負を決める要素には四つあると私は考えている。すなわち、**「戦力」「士気」「変化」「心理」**の四つである。

「戦力」が勝負を決めるということを疑う人はいないだろう。基本的には優秀な人材を揃えれば揃えるほど、チームは強くなる。したがってリーダーは、前項で述べたように、目指すチーム像に合致した人材を「集め、教え、鍛える」を並行して行い、戦力アップに努めなければならない。

とはいえ、この「戦力」は巨人のように大型補強を行わないかぎり、突然向上することはありえない。だが、残り三つの要素をうまく味方につければ、戦力の不足をある程度補うことができる。言い換えれば、そこがリーダーの腕の見せどころと言えるのだ。

二つ目の「士気」は、ムードと言い換えられる。いかに選手たちの士気を高揚させ、勢いをつけるか。監督は、この点を強く意識し、気流を起こして選手を巻き込んでいかなければならない。士気が上がり、ムードがよくなれば、能力以上の力を発揮することがあるからである。そして、この士気を高め、上昇気流に乗せるための大きなカギを握るのが、「変化」と「心理」だと言える。

野球の試合は、まさしく生き物だ。一球ごとに状況が変わる。当然、状況変化に伴って選手たち、相手ベンチの「心理」も「変化」する。**監督は、この「変化」をつねに感じ取っていなければならない。**

試合には「流れ」というものがある。「こっちにいい流れが来そうだな」とか「まずい雰囲気だな」というような、流れをいち早く察知できるか、読むことができるかどうかは、勝敗を大きく左右する。そして、それを可能にするためには、「変化」に敏感でなければならない。敏感であれば、流れをこちらに引き寄せるための、あるいは相手に行きそうな流れを食い止めるための方策を即座に打つことができる。逆に、変化に鈍感な監督は流れを見逃して適切な策を打てず、勝てる勝負をみすみす逃すことになりかねないのである。

また、たいがいの試合は振り返ってみると、「ここが勝敗を分けた」という勝負どころとも言うべき局面があるが、そこにいたるまでには必ずなんらかの「変化」があるはずである。そこに、相手よりも早く気づき、うまく乗じることができれば、たとえ戦力が劣っていても勝ちを呼び込むことができるのだ。

そして四つ目の「心理」だが、野球は人間がやるものであるから、選手やベンチの心理状態がプレーには大きく影響する。したがって、**相手を心理的にゆさぶれば試合を有利に進めることができる。**

そのためには相手の心理を読んで嫌がることをすればいい。

現役時代から私は、ささやき戦術をはじめとしてさまざまな心理的なゆさぶりを活用してきたが、なかでも会心だったのがヤクルト時代、オリックス・ブルーウェーブと激突した一九九五年の日本シリーズだった。

ヤクルトがこのシリーズに勝利できるか否かは、イチローを攻略できるかにかかっているといってもよかった。私はシーズン中からスコアラーを派遣し、イチローの弱点を調べさせた。しかし、スコアラーは「お手上げです。弱点はありません」と力なく言うばかり。たしかに私の目から見ても、弱点は見当たらなかった。私は決めた。

「心理的にゆさぶるしかないな……」

シリーズ前には多くのメディアが私のコメントをとりにくる。そのたびに私は言った。

「イチローの弱点は内角にある。内角を中心に攻めさせる」

イチローに「ヤクルトバッテリーは内角中心に攻めてくる」と意識させるためだった。内角を意識させておいて、勝負は外角中心、というわけである。

果たして初戦、第二戦とヤクルトバッテリーはイチローをほぼ完璧に封じた。イチローが内角を意識していたのは、右肩が早く開き気味だったり、右足の振り幅がいつもより小さかったことなどから明らかだった。「心理」を利用すれば、イチローのような強打者であっても抑えることは不可能ではないのである。

リーダーとしてつねに観察し、適所に人材を配置せよ

川上監督が率いた巨人は、どうして強かったのか――。

「ONがいたから」

それは間違いない。たしかに王と長嶋の存在なくして九連覇はありえなかった。このふたりは試合でも練習でもいっさい力を抜かず、ほかの選手の手本となっていた。しかし、ふたりがいれば必ず九連覇ができたかといえば、それは大いに疑問である。

よく言うのだが、野球には九つのポジションと打順があり、それぞれ果たすべき役割と仕事の内容が異なる。当然、適性も違う。それを無視して、四番バッターばかり集めたからといって、必ずしも優勝できるとはかぎらないのである。

V9打線は、まさしく適材適所の打線だった。一番は柴田勲《しばたいさお》のような出塁率が

高く、駿足の選手、二番には土井正三に象徴される小技が巧みでしぶとい選手を置き、三番、四番には長打力にすぐれた王と長嶋がどっしり座る。強打の末次利光《すえつぐとしみつ》や高倉照幸《たかくらてるゆき》など五番がこれを後押しし、六、七番には一、二番も務めることができるような高田繁《たかだしげる》や黒江透修《くろえゆきのぶ》を配してもう一度チャンスをつくり、一番につなげていく……。「勝つ」という目的のもと、黙々と自分の仕事をまっとうし、主役のONをもり立てる、脇役に徹した選手が集まっていた。しかも、**「自分が仕事をきちんとすれば、周りがそれを活かしてくれる」という信頼を持って選手みんながつながっているように私には見えた。だから、強かったのである。**

対照的だったのが、長嶋が率いていたころの巨人だった。たしかにメンバーのネームバリューはすごかった。松井秀喜、清原和博《きよはらかずひろ》、石井浩郎《いしいひろお》、高橋由伸《たかはしよしのぶ》ら錚々《そうそう》たる顔ぶれが並んでいて、ヤクルトの投手が「すげえなあ……」とため息をついたほどだった。

しかし、このときの巨人の打線は、〝線〟ではなく、〝点〟の集合だった。つながりを感じさせなかった。ひとりひとり寸断して、それぞれにきちんと対策を練れば恐れるに足りなかった。私にはそれほど怖くなかったし、実際、互角以上に対抗できた。

そう、**適材適所は才能集団に勝るのだ。**ひとりひとりの天性は少しくらい劣っても、九つのポジションと打順に適合した選手を起用したほうがよい結果を生むのである。**九人が有機的に結びつくことで、人数の和以上の力が生み出される。**そこが団体競技である野球のおもしろいところであり、「意外性のスポーツ」と呼ばれる所以《ゆえん》なのである。

人が有機的に結びつくことでより大きな力が生まれるというのは、野球にかぎった話ではないはずだ。人間は誰でもなんらかの才能を持っているはずであり、それを活かす場がひとりひとりにちゃんと与えられれば、組織にとって大きな力になる。だからこそリーダーは、組織を構成するひとりひとりが、その人に適した場所を与えられているかを、つねに観察しておかなければならないのである。

メンバーと組織を成長させるリーダーの三つの掟

ヤクルトで日本一になるまで四年間、私がやかましいほど選手に説いてきたことが三つあった。

ひとつ目は、**「節度を持ちなさい」**ということである。

リーダーが掲げたビジョンや目標を実現するためには、最低限の秩序や決まり事が必要である。組織内の人間がそれに従うことは、組織が一丸となって進んでいくための大前提となる。「おれの意見は違うから好きにする」と言って好き勝手な行動をとる人間がひとりでもいれば、組織は機能しなくなってしまう。

ただし、組織内におけるさまざまな問題点や現状を解決・改善するために意見や希望を述べるのはいい。むしろ歓迎する。そこから議論を深めていくことが組織を成長させるためには必要だし、組織に対する帰属感や一体感を強めることにもなる。

しかしその結果、なんらかの結論が出たとすれば、たとえ自分の主張と異なる結論になろうと、不満があろうと、従わなければならない。ある程度の抑制心を持って自分を律しなければならない。これは組織内のルールである。

そういう意味での節度は絶対に必要であり、それを持っていない人間がいれば、リーダーは教え込まなければならない。その意味では、私の野球も「管理野球」だと言える。

ふたつ目は、**「他人の痛みを知りなさい」**ということである。

強いチームというものは、選手は監督が何を考えているのか、何をしたいのか、そのために自分は何をしなければいけないのか思いを巡らし、あえて言葉にされなくても、自主的に適切な行動ができる。監督もまた、ひとりひとりの選手が何を考え、どういう状態にあるか、選手に言われなくても理解しているものだ。

また、試合においては、監督はもちろん、選手も相手の立場になって状況を考えてみることも非常に重要である。そうすることで、いま相手は何をされるのが嫌なのかということがわかり、そのための適切な策を打つことができる。

では、相手の立場に立つためには、どんな能力が必要なのか。他人の痛みがわかるようになるのがいちばんである。他人の痛みを知るには、相手の気持ち、心理状態を慮《おもんぱか》らなければならないからだ。

加えて、他人の痛みを自分の痛みとして受け止められるようになれば、わがままやいわれのない不平不満を口にすることもなくなり、感謝する心、助け合いの精神が育まれる。人間としてやさしくなれるのだ。そうした気持ちがチーム第一主義、チームワークにもつながっていくのである。

そして最後は、**「問題意識を持て」**ということである。

「人間は考える葦《あし》」だと言われる。どうすればもっと打てるようになるか（抑えられるようになるか）、一流選手になるには何が必要か——それを四六時中考えている選手と考えていない選手、考えられない選手とでは、とてつもなく大きな差が出てくるのは間違いない。

考えても必ずしも答えが出るとはかぎらないし、出なくてもいいと私は思う。つねに問題意識を持って考えること、知恵を振り絞るという行為が大切なのだ。

そして、リーダーとは、メンバーと組織を進歩・成長させるために、この三つのことをいつも伝えていくべきだと私は思っている。

リーダーは「無形の力」をチームの財産とせよ

百メートル走るのに十二秒かかるランナーは、十秒で走るランナーには絶対に勝てない。相手の失敗を待つしかない。それが陸上競技である。

けれども、野球であれば必ずしもそうではない。十二秒のランナーであっても、日頃の教育と考え方と準備次第で、勝てる可能性が出てくるのだ。そのためにもっとも大切なのが**「無形の力」**である。

「無形の力」とは文字通り、「かたちにならない力」「目に見えない力」のことを言う。具体的には、以下の六つにまとめられようか。

「分析」
「観察」

「洞察」
「判断」
「決断」
「記憶」

「分析」とは、データや情報を収集し、研究することを指す。ただし、データはあくまでも過去の傾向であることを忘れてはならない。盲信は禁物である。

そこで大切になるのが「観察」と「洞察」であろう。観察し、洞察することで、データを補強し、より確度の高いものにすることができるのである。

「観察」とは、目に見えるものから情報を引き出すことだと言える。たとえば、バッターのスタンス、ボールを見逃したときの反応、打ちにいったときの身体の動きなどから、バッターの狙いを探るのが観察だ。

対して、**目に見えないものから新たな情報を引き出すのが「洞察」である。**バッターや相手ベンチの心理状態を読み、作戦を見抜くことがその最たるものだ。

「観察」と「洞察」を加えることで、「分析」がより無欠に近づくのである。

そして、**「分析」と「観察」と「洞察」によって得た情報をもとに、もっとも成功する確率の高い作戦を選択し、実行に移すのが「判断」と「決断」であり、その結果は「記憶」として蓄積され、それがデータを補強するとともに経験として「判断」と「決断」の際に役立つことになる。**こうした好循環が生まれるのである。

そして、こうした力は目には見えないが、技術力や戦力といった「有形の力」に勝るのだ。

なぜなら、有形の力はしょせん有限である。どんなにすぐれたバッターであろうと、十回打席に立てば七回近くは失敗するし、絶対的なエースであっても、必ず一試合に何球かは失投がある。不調のときもある。それに、こうした力は個人のものであり、選手が入れ替われればそれで消えてしまうのだ。

一方、**無形の力に限界はない。磨けば磨くほど研ぎすまされる。**突き詰めれば突き詰めるほど、深く、正確なものになっていく。スランプはないし、**チーム全員が共有できる。**蓄積され、チームの財産となって受け継がれていくのである。

優位感を植えつけよ

私が監督になったときのヤクルトの選手には、負け犬根性が染み付いていた。

「どうせ勝てやしない」

闘う前からそうした空気がベンチに蔓延《まんえん》していた。ヤクルトにかぎらず、弱いチームは往々にしてそういうものだ。

鶴岡監督が口癖のように言っていたものだ。

「弱いチームとやるときは、先に点を取れ」

そうすれば、相手はあきらめてしまうからだ。あきらめたチームは、勝てる試合でも勝てなくなってしまうだろう。

対照的だったのが、かつての巨人だ。私は南海時代に五度、巨人と闘った経験があるが、最初の対決以外は一度も勝てなかった。巨人の選手たちはいつも自信に満ちあふれ、堂々とプレーしているように見えた。われわれはそのユニフォームに気圧《けお》され、呑まれていたのである。

では、彼らの自信はどこから来ていたのか。

「おれたちが日本の野球をリードしているのだ」

「おれたちはおまえたちとは違うレベルの野球をしているのだ」

そういう強烈な自負、優位感が、彼らに強い自信を与えていたに違いないと私は思っている。

事実、最新の情報、技術を真っ先に取り入れたのは、いつの時代も巨人だった。ドジャース戦法を取り入れたり、フロリダでキャンプをしたりして、時代をリードしてきた。ほかのチームが気合と根性の精神野球をやっていたところに巨人はいち早く知力を駆使した野球を展開した。

個人の集合体としてしか理解されていなかったチームに、はじめてチームプレーの概念を導入したのも巨人だった。アメリカの最新の理論に独自の発想と解釈を加え、巨人野球をつくりあげたのである。われわれは、彼らに驚かされ、圧倒された。それが巨人には優位感を、われわれにはコンプレックスを植えつけたのである。勝てる道理がなかった。

だから監督となってからの私は、なんとかして選手たちに優位感を植えつけようと腐心したものだった。先に述べたデータの分析をはじめとする「無形の力」もそのひとつであったし、キャンプではめったに使うことのない高度なフォーメーションプレーもあえて練習させた。それらはすべて、**「自分たちはほかのチームよりもはるかに進んだ野球をしている」という意識を持たせるためである。**そうした優位感は自信と誇りにつながる。闘う前から相手を呑んでかかるようになり、ちょっとやそっとのことではあわてることなく、堂々とプレーできるようになる。

「有形の力」を持たない弱いチームを率いるリーダーほど、**「無形の力」を磨き、それをもとにした「優位感」をメンバーに植えつけることを意識すべき**であろう。そこから生まれる自信が、チームを進歩させるのである。

データによってメンバーの意識改革を促し、行動を変えよ

先の項でも述べたが、データは無形の力を代表するものであり、チームに優位感を植えつけるのにも役立つ。だから私は、ＩＤ野球と呼ばれるほどデータの活用に力を入れたわけだが、これには「データが選手の意識改革を促し、行動を変えるから」という理由も大きかった。データは意識改革のための最大の武器と言ってもいいのである。

なぜなら、数字で示されれば、納得せざるをえないからだ。納得すれば意識が変わる。意識が変われば行動が変わるのである。

だが、だからといって、どんなデータでもいいというわけではない。**選手の意識を変えるためのデータは、わかりやすく、かつ感動を呼び起こすものでなければならない。**なぜなら、感動ほど人を変えるものはないからである。

私自身の体験を少し話そう。現役時代、私は対戦したバッテリーの配球をカウントごとにノートに記入していた。すると、ホームランバッターの私に対し、ツーボールやワンスリーになったとき、相手バッテリーは百パーセント、インコースを攻めてこないことがわかった。必ずアウトコースなのである。

「そうか！　ならばそういう状況になったときは、アウトコースに狙いを絞ればいいんじゃないか！」

感動した。それがはじまりだった。

興味を持った私がさらに仔細に相手バッテリーの配球を調べてみると、ピッチャーにはそれぞれ傾向があることがわかってきた。たとえば、あるピッチャーは得点圏にランナーがいるケースのとき、バッター有利のカウントになるとほとんど変化球を投げてきた。しかし、ランナーがいないときはバッター有利のカウントであってもストレートが中心のピッチングをしてきた。

そうやって細かく状況ごとの傾向をチェックしていくと、そのピッチャーのストライクの稼ぎ方、三振や内野ゴロの打ち取り方などのパターンが浮かび上がってきたのである。

キャッチャーだった私は、バッティングゾーンを九×九のマスに区切り（うちストライクゾーンは五×五）、対戦バッターについても得意コースや苦手コースを調べてみた。すると、「右、左を問わず、ストライクゾーン上限よりボールひとつぶん高い、真ん中から内角にかけてのストレートを空振りすることが多い」「下限の上下ひとつぶんの内外角に変化球を投げるとゴロになる確率が高く、とくに外角低めは万人共通のゴロゾーン」といった事実が明らかになった。さらに、それだけではなく、バッターのタイプを「ストレートを待ちながら変化球に対応しようとするA型」「内角か外角、打つコースを決めているB型」「右方向か左方向か、打つ方向を決めているC型」「球種にヤマをはるD型」に分けることができたのである。

だから、ヤクルトの監督になったときも、私は具体的に相手のクセを物語るデータがほしかった。ところが、当時、スコアラーが上げてくるデータの多くは、たとえば「このピッチャーが投げる球種はストレートが何パーセント、カーブが何パーセント」というようなパーセンテージで示した数字だった。それを見た私は言ったものだ。

「そんなものはテレビ局にくれてやれ！」

たんなる「統計」など、私はほしくなかった。求めたのは、状況ごとのバッテリーの配球パターンやバッターの傾向といった類の具体的なものだった。ピッチャーについて言うなら、**「ボールカウントごとの配球」「ストレートを何球まで投げ続けるか」「キャッチャーのサインに首を振ったのはどういう状況のときで、どんな球を投げたか」**。

バッターなら**「空振りやホームラン性のファールのあと、同じ球を待つのか、それとも狙いを変えるのか」「甘いストレートを見逃したとき、次の球にどんな反応を示したか」**といったようなデータである。

細かければ細かいほど利用価値がある。

私がとくにスコアラーに要求したのは、キャッチャーが何を根拠にサインを出しているのか調べてほしいということだった。たんに勘だけに頼っているのか、あるいはバッターによって組み立てているのか、それともピッチャー中心に考えているのか。「そこを見破ってほしい」と伝えた。

データは限られた戦力を最大限に活かし、かつ相手を封じるための大きな力になる。それだけでなく、精神的にもひとつの大きな拠り所となる。だからこそ、集めた統計のなかから必要なもの、有益なものを吟味して抽出し、いかにわかりやすく表現するか。そこが大切なのだ。

すぐれた監督は、こうした有益なデータを集め、それをチームに示すことで、選手の行動を変えることができる。

感動するデータを示すことが、人を変え、組織を変えるのである。

フォア・ザ・チームの精神を徹底し、チームをひとつにせよ

弱いチームの共通点として「負け犬根性」のほかにも「一体感に乏しい」ということがある。

「いくらがんばったって、勝てやしない」

シーズンがはじまる前からそんなふうに思っている選手がいては、そのチームはいつまでたっても強くはならない。

そういう選手は、チームよりも自分を大切にする。チームの勝利よりも、自分の記録を優先する。チームが負けても、自分がヒットを打てば、それで満足しているのである。そういう選手は、きっと言うはずだ。

「自分が打つこと（抑えること）がチームに貢献することになる」

つまり、自分がいい成績をあげることがチームの勝利につながる、というわけ

である。

一聴、もっともらしく聞こえる。しかし、こうした発言は、私に言わせれば、チームよりも自分の記録を優先していることにほかならない。

「一本でも多くヒットを打ちたい」「一勝でも多く勝ちたい」と考えるのは間違っていない。ただし、それが「自分の成績を伸ばすことがチームのためになる」と変換されてはダメなのだ。

ヤクルトの監督になったころ、長距離砲として打線の中心を担っていたのは池山隆寛だった。〝ブンブン丸〟と呼ばれるほどバットを豪快に振り回し、ファンの喝采を浴びていた。マスコミも取り上げ、増長させていた。

「自分の持ち味はホームランだ。ホームランを打つことがチームのためになる」

池山はそう信じていたに違いない。全打席ホームランを狙いにいっているように見えた。

たしかに、池山は毎年コンスタントに三〇本程度のホームランをマークしていた。しかし、同時に三振も毎年一〇〇個以上〝量産〟していた。かりに、池山が四〇本のホームランを打ったとしても、その確率はだいたい十五打席に一本であり、残りの十四打席は極端にいえば失敗である。ほかの選手が「チーム第一」の考えのもとで力を結集させても、池山が九割以上の確率でその力を分断してしまうのだ。いくら〝ブンブン丸〟と呼ばれて人気があっても、状況を無視し、いついかなるときもバットを振り回されては、チームにとってはたまったものではない。

あるいは、東北楽天時代、鉄平《てっぺい》という外野手がいた。彼はバッティングに関しては天才と言ってもよかった。何も考えていなくても身体が勝手に動く。だから、自分のバッティングに集中すればいいときはすばらしい力を発揮した。

ところが、彼も池山同様、どんな場面であっても自分のバッティングを第一に考えていた。たとえば、三、四点差で負けている終盤に先頭打者として打席に向かったとする。そのときバッターが考えるべきことは、どんなかたちでもいいから塁に出ることだ。そのためには四球も視野に入れてしっかりボールを見極め、粘ってピッチャーに多くの球を投げさせ、出塁の意欲を見せなければならない。

打つ場合も、相手のミスが期待できるゴロをできるだけ打つべきである。
にもかかわらず鉄平は、状況も考えず初球から簡単に手を出し、凡フライを打つことが多かった。彼もまた、状況に応じた仕事でなく自己中心の考えで野球をしていたようにしか見えなかった。

しかし、その後池山も鉄平も大きく変わった。池山は〝ブンブン丸〟を封印し、状況を考えたチームバッティングを心がけるようになった。たしかにホームランは若干減った。が、チームへの貢献度は明らかに増したし、周囲からの信頼も高まった。ヤクルトがつねに優勝を争えるようなチームに生まれ変わることができたのは、池山が生まれ変わったことも大きい。彼は自他ともに認める〝チームの中心〟になったのである。

一方の鉄平にもフォア・ザ・チームの精神が芽生えた。こんなことがあった。同点で迎えた九回裏、ノーアウトランナー二塁という場面で鉄平は、ファーストゴロに倒れた。しかし、ここでファーストゴロを打ったということが、彼の成長を物語っていた。

この場面、バッターはヒットが打てれば最高だ。しかし、それ以前に心がけなければいけないことがある。最低でもランナーをサードに進めることだ。そのためにはフライは言語道断。ゴロをセカンド方向に転がすことが大切になる。

以前の鉄平なら、迷わずランナーを返しにいったはずである。実際、前年には同じような場面でレフトに凡フライを上げたことがあった。しかし、この場面で鉄平はきちんと右方向にゴロを打ち、ランナーを進めたのである。

「自分がヒットを打つ確率と、ランナーをサードに進められる確率はどちらが高いだろう」

鉄平はそう考えたという。**つまり、「チームのために自分は何ができるか」を最優先に考えるようになったのだ。**

このことと、鉄平がこの年、首位打者を獲得したことは無関係ではない。「自分の成績を伸ばすことがチームのためになる」ではなく、「チームのためにできることをする」――そういうふうに考えるほうが、不思議なもので成績も上がるものなのである。

だとすれば、リーダーがメンバーに強く伝えるべきことは、何をおいても「フ

オア・ザ・チーム」の精神であろう。

まず、チームありき。それを選手に徹底させることが、チームを、そして個人を強くするのである。

「チームのため」と「自分を殺さない」を両立させよ

「フォア・ザ・チーム」の精神をひとりひとりに持たせることがリーダーの大切な役割であることは、すでに述べた通りである。では、どうやって「フォア・ザ・チーム」の精神を根づかせればいいのだろうか。

フォア・ザ・チームに徹しようとすれば、状況によっては自分が犠牲にならなければならないときがある。そうすることで結果としてチームに貢献するわけだから、「犠牲」という言葉は適切ではないと思うが、たとえば、自分がアウトになることを覚悟してランナーを進めるためにバントをしたり、あえてゴロを打ったりするようなケースが容易に想定できるだろう。

野球は確率のスポーツである。常に確率の高いほうを選択させる指導をすべきなのだ。

強いチームをつくるには、必要とあらば自分を殺すという精神が、脇役のみならず主役にも必要なのである。だが、光ばかり求める傾向が強い昨今は、チーム内にこれを根づかせることもまた、なかなか難しい。自己犠牲によってチームに貢献したときは、球団も評価してやることが大切である。

私が見るところ、「自己犠牲が必要だ」と言うと、「いつも自分を殺さなければならないのだ」と誤解する選手が多かった。そこで私は、選手たちに「自己犠牲が必要だと言っても、それはいつ、いかなるときも自分を犠牲にしなければいけないという意味ではないんだぞ」と説明したうえで、こう問いかけた。

「よく考えてみろ。守っているときはみんなが心をひとつにして協力し合って打球を処理しているだろう。自分が犠牲になっているなんて誰も思わないはずだ。攻撃だって同じだよ。**だいたい、自分が送りバントやヒットエンドランのサインを出されるケースが一試合に何回あると思う？　九十五パーセントは自分の好きなように打っていいんだぞ**」

そのうえで、「自分が目立つことよりチームが勝つことのほうがやりがいは大きいのだ」ということを訴えた。

池山とともに〝イケトラ・コンビ〟と呼ばれ、ヤクルトの四番を打っていた広沢克己は、池山に劣らぬ天性に恵まれた長距離バッターだったが、それだけにやはり状況にかかわらずバットを振り回しがちで、三振も非常に多かった。毎年一〇〇個以上記録していた。当時を振り返って広沢は、「あのころは自分の存在を世の中に知らしめるために野球をやっていた」と語っていたが、四番がこれではチームはたまったものではない。私は広沢に訊いてみた。

「おまえはフォアボールになると悔しそうな顔をするよなあ。フォアボールは嫌いか？」

「はあ、好きではありません」

「つまり、打ちたいんやな。それでツーストライク・スリーボールになると、一晩中振っても当たらんようなボールを打ちにいくんだな？」

「……………」

沈黙する広沢に私は続けた。

「でもな、チームとしては三振よりもたとえフォアボールでも塁に出てくれたほうがありがたいんだよ。おまえだって打率を下げたくないだろう。それにな、相手の立場になって考えてみれば、フォアボールでランナーを出すのは嫌なはずだ。逆に主砲がクソボールに手を出して三振してみい。〝今日は勝てるぞ〟と思って勢いに乗るだろう」

そうして最後にこう言った。

「チームが勝てば数百万人のファンが喜んでくれる。この仕事の醍醐味は自分が目立つことではなく、勝つことでファンを喜ばすことなんじゃないか？」

以来、広沢がツースリーからクソボールに手を出すことはなくなった。チームの中心である広沢が考えをあらためたことで、フォア・ザ・チームの精神はヤクルトにしっかり根づくことになったのである。

弱いチームの選手はほとんどが「優勝は無理だ」と思っているために、個人記録ばかりに主眼を置いて野球をやっていることが多い。

しかし野球は団体競技である。チームの強さは、いかに一丸性、協調性の環境づくりができるかにかかっているのである。

ビジョンを持って各セクションとの連携を密にせよ

チームというものは、リーダーのビジョンのもと、**「補強」**と**「育成」**と**「管理」**がうまく回ってつくられる——私はそう考えている。この三つがたがいに連携し合い、機能してはじめて、チームは強くなる。

プロ野球のチームでいえば、監督以下現場が育成と管理を担い、補強を担当するのがフロント、すなわち編成部門である。とすれば、現場とフロントが密接な意思疎通を図り、一体感を持つことは、強いチームづくりに必要不可欠だ。

これは、企業でも変わらないと思う。たとえば営業と商品企画や研究部門が乖《かい》離《り》していれば市場が求める製品や商品は生まれないだろうし、ムダも多くなるのではないか。

弱いチームというのはたいがい、現場とフロントの意思疎通ができていない。

現場は「即戦力のピッチャーがほしい」と要求しているのに、フロントは人気目当てで甲子園を沸かせた高校生ピッチャーを獲得にいったり、現場が足の速い野手を必要としているにもかかわらず、ろくに走れも守れもしない長距離バッターばかり獲ってきたりする。

その結果、どうなるか。

編成は「いい選手を獲っているのに育たないのは現場に指導力がないからだ」と言い、現場は「編成がろくな選手を獲ってこないからだ」と言う。**責任のなすり合いをするわけだ。これでは強いチームがつくれるわけがない。**

そういう考えから私は、監督就任が決まるとなによりもまず、フロントとのミーティングを行うことにしていた。私の目指す野球を説明して理想を共有してもらい、その方向性に合致した補強をしてくれるよう、要請するためだった。

すでに述べたように、ヤクルトではこれがものの見事にうまくいった。私の計画通りの補強ができた。逆に阪神ではまったく機能しなかった。私が当初から「即戦力のピッチャーを獲ってくれ」と要求し続けたにもかかわらず、編成はその意向に従うどころか、むしろ相反する選手を獲り続けた。ほかのチームと競合